INDIANA JONES™

ET LE TEMPLE MAUDIT

Conception graphique du roman : François Hacker.
Traduit de l'anglais par Jérôme Jacobs.
Hachette Livre, 43, quai de Grenelle, 75015 Paris.

PROLOGUE

Université de Princeton (États-Unis), 1935

Henri Jones, professeur d'anthropologie et de linguistique, connu de ses amis comme de ses ennemis sous le surnom d'Indy, pénétra dans le bureau de son père situé dans l'aile médiéviste du département d'histoire de l'université de Princeton. Il déposa la vieille gibecière dans laquelle il transportait ses vêtements de voyage et s'installa confortablement dans le fauteuil de cuir noir.

Globe-trotter expérimenté, Indy avait d'abord suivi son père dans divers pays, puis servi la

cause des Alliés en tant que soldat et espion pendant la Première Guerre mondiale. Il ne prenait part qu'aux fouilles archéologiques les plus prestigieuses et ne négligeait pas de rechercher des trésors antiques pour des collectionneurs privés.

Il consulta sa montre : son père était en retard, et Indy ne supportait pas d'attendre ! Il se releva d'un bond et regarda autour de lui. Ses yeux se posèrent alors sur une pile de lettres, entassées sur le bureau. Un sourire éclaira son visage. Comment avait-il pu oublier ? Il avait fait suivre son courrier à Princeton pendant qu'il se trouvait dans le Pacifique Sud… et son père l'avait soigneusement mis de côté pour lui.

Mais son sourire se transforma vite en grimace agacée lorsque Indiana Jones commença à décacheter les enveloppes : des factures, encore des factures…

Ah ! Enfin quelque chose d'intéressant : une

revue spécialisée sur les antiquités chinoises de la dynastie Tang, sujet qui fascinait Indy depuis peu…

Mais soudain, son attention fut attirée par une lettre qui sortait du lot. D'après le cachet de la poste, elle venait de Shanghai, en Chine.

Indy avait un certain nombre d'amis et de relations à Shanghai : l'un de ses associés les plus proches était un homme du nom de Wu Han, lequel l'avait accompagné lors de plusieurs expéditions archéologiques. Curieux, il chaussa ses lunettes et lut le texte de la mystérieuse missive :

« Dr Jones, votre réputation est parvenue jusqu'à nous et nous avons besoin de vos services... Nous sommes en possession de l'Œil de paon, que nous vous offririons en paiement, si vous promettez de ne pas chercher à savoir comment nous nous sommes procuré cet objet précieux. Si ces conditions vous conviennent, trouvez-vous au sommet de l'Empire State Building le 6 juillet au coucher du soleil. »

Aucune signature au bas de la lettre. Et ce n'était pas l'écriture de Wu Han.

L'Œil de paon ! Indy avait été si près de mettre

la main sur ce magnifique diamant quelques années plus tôt… Qui avait pu se l'approprier sans que le monde entier soit au courant ?

Sans doute des gens pas très honnêtes… Or Indy n'aimait guère côtoyer des malfrats.

C'est pas mon genre.

Sans parler des dangers que présentait ce genre de fréquentation. Mais comment refuser cette chance de récupérer une pièce unique, qui pourrait ensuite être admirée par tous ?

Indy vérifia la date sur le calendrier de son père : le 6 juillet ! S'il partait immédiatement, il serait à New York en fin de journée.

Sans plus se poser de question, il ramassa sa gibecière et décampa en pressant le pas.

CHAPITRE 1

Shanghai (Chine), décembre 1935

Indiana Jones s'arrêta au sommet de l'escalier de l'Obi Wan et observa un moment les clients élégants, attablés plus bas dans l'opulent night-club de style art déco.

Il avait lui-même revêtu le smoking de rigueur pour rencontrer le roi de la mafia locale, Lao Che, et ses deux voyous de fils, Chen et Kao Kan, qui l'attendaient à une table proche de la scène.

Le trio infernal avait les yeux rivés sur la ravissante chanteuse blonde qui égrenait dans un mandarin tout à fait honorable – Indy l'avait

tout de suite noté – les paroles du dernier tube de Cole Porter, *Anything Goes*, moulée dans une robe rouge et or à paillettes.

Indy descendit les marches sans la quitter des yeux, lui non plus…

Au bas de l'escalier, il fit mine de ne pas reconnaître son ami, le fidèle Wu Han, déguisé en serveur.

— Prenez garde, Dr Jones ! murmura le Chinois à Indy.

Ce dernier avait pris ses précautions, car il craignait le pire : si jamais sa « réunion d'affaires » dégénérait, Wu Han et le jeune assistant d'Indy, Demi-Lune, viendraient à la rescousse.

Indy alla se planter devant Lao Che et ses fils, puis les salua en shanghaïais, l'un des dialectes chinois qu'il parlait couramment. Aussitôt, les hommes de Lao Che le fouillèrent, en quête d'une arme dissimulée.

— Vous ne m'aviez jamais dit que vous maîtrisiez si bien ma langue, Dr Jones, commenta Lao Che, admiratif.

— Je me réserve pour les grandes occasions, ironisa Indy.

— Alors, ce que vous m'avez écrit est bien vrai ? Vous avez retrouvé Nurhachi ?

Le Chinois se lissa les cheveux, cependant qu'Indy souriait avec une moue vengeresse.

— Vous savez pertinemment que oui ! rétorqua-t-il.

Il dévisagea alors Chen, l'un des fils de Lao Che.

— Et pour cause ! La nuit dernière, un de vos grands garçons a tenté de m'arracher Nurhachi sans passer à la caisse.

Chen posa sa main bandée sur la table et jeta un regard noir à son agresseur de la veille.

— Vous avez insulté mon fils ! aboya Lao Che.

— Non, corrigea Indy. C'est vous qui m'insul-

tez. J'attends encore que vous me disiez merci de l'avoir épargné...

Du coin de l'œil, il nota que la chanteuse blonde venait de s'asseoir à leur table, mais il ne se laissa pas distraire.

Sans doute déçue de voir qu'elle suscitait si peu d'intérêt, elle passa une main gantée de satin rouge par-dessus l'épaule de Lao Che. Puis, d'une voix langoureuse, elle lui glissa :

— Tu ne fais pas les présentations, mon Lao Che… ri ?

À en juger par son accent, Indy décida qu'elle venait du Midwest, le cœur de l'Amérique profonde. Sans quitter Indy des yeux, Lao Che répondit de mauvaise grâce :

— Indiana Jones, voici Willie Scott. « Chérie », je te présente Indiana Jones, le célèbre archéologue.

La chanteuse accueillit cette nouvelle avec un large sourire, révélant deux rangées de dents parfaites, semblables à des perles. Puis elle vint s'asseoir entre Jones et Lao Che.

« Beauté américaine classique », songea Indy. Elle avait dû connaître une passe difficile pour atterrir dans un night-club de Shanghai au bras d'un baron du crime.

— Le Dr Jones a retrouvé Nurhachi pour moi, expliqua Lao Che à Willie, et il va me le remettre… maintenant !

Sous la table, Kao Kan braquait un pistolet vers Indy, ce qui n'avait pas échappé à celui-ci.

— Qui est ce Nurhachi, une de tes relations d'affaires ?

Mais avant que quiconque ait le temps de répondre à Willie, Indy la saisit par la taille, l'attira contre lui et lui appliqua une fourchette de service entre les côtes.

— Je suggère que vous me donniez d'abord

mon dû, Lao Che. Sinon je ne réponds de rien, menaça Jones.

Un signe de son père suffit à Chen. Le fils docile sortit de sa poche un petit sac de velours, qu'il plaça sur le plateau tournant, au centre de la table.

En voyant le sac se rapprocher, Indy sentit monter en lui l'excitation des grands jours. Le diamant était à portée de main ! Mais il se maîtrisa. Les trois hommes avaient plus d'un tour dans leur sac, justement... La méfiance était de mise. Indy poussa Willie vers l'avant.

— Ouvrez ! lui ordonna-t-il sans ménagement.

Les mains tremblantes, Willie lui obéit et secoua le sac, duquel tombèrent… dix pièces d'or.

« Seulement dix pièces d'or ?! »

L'excitation céda la place à la rage, même si Indy n'était nullement surpris que ces criminels cherchent à le flouer.

— Le diamant, Lao ! gronda-t-il. C'était le *deal* ! Alors, arrêtez votre petit jeu, hein !

La mine renfrognée, Lao Che fouilla dans sa poche et en sortit un autre petit sac, identique au premier, qu'il déposa sur le plateau tournant, juste à côté d'un verre de champagne.

Une fois encore, Willie fut mise à contribution : ses yeux s'agrandirent lorsqu'elle découvrit à l'intérieur du sac de velours un diamant particulièrement brillant et lumineux, plus large qu'une noix et taillé à la perfection.

— Oh, Lao..., murmura-t-elle en serrant le diamant entre ses doigts. Tu es vraiment chou...

Indy enfonça un peu plus la fourchette et Willie poussa un cri de protestation. En lui jetant un regard noir, elle déposa le diamant sur la paume ouverte d'Indy, qui lui sourit en retour.

— N'y pensez même pas, mademoiselle... !

Il avait mené sa tâche à bien, et tout s'était passé comme prévu. Soulagé, il prit le verre de champagne qui se trouvait sur le plateau et le porta à ses lèvres.

Il avait donné pour instructions à son jeune assistant, Demi-Lune, de réserver trois places sur le vol du soir pour Bangkok. Dans une demi-heure, Demi-Lune viendrait les chercher, lui et Wu Han, pour les conduire à l'aérodrome.

De Bangkok, ils s'envoleraient pour Londres. Indy avait déjà pris contact avec un collègue du British Museum, qui s'était enthousiasmé à l'idée de pouvoir présenter le diamant lors de l'exposition consacrée à l'Extrême-Orient.

15

D'une voix onctueuse, Lao Che ramena Indy à la réalité.

— Maintenant, Dr Jones, donnez-moi Nurhachi…

Indy ne se fit pas prier plus longtemps. Il adressa un signe de tête à Wu Han, qui se trouvait à proximité et feignait toujours d'être un serveur.

— Quelqu'un va-t-il me dire qui est ce Nurhachi ? pesta Willie, cependant que Wu Han approchait avec un plateau sur lequel était posée une urne en jade sculptée, d'une quinzaine de centimètres de hauteur.

Indy la plaça sur le plateau central et lui fit effectuer un demi-tour de table, pour qu'elle arrive juste devant Lao Che.

— Chose promise…

— Dis donc, Lao, Nurhachi c'est un nain de jardin ou quoi ? interrogea encore Willie, surprise.

— Ne blasphème pas, malheureuse ! À l'inté-

rieur de cette urne se trouvent les cendres de Nurhachi, le premier empereur de la dynastie mandchoue, expliqua solennellement le gangster en levant l'objet avec révérence.

— Je bois au retour de ce brave sur sa terre natale ! railla Indy en vidant d'un trait son verre de champagne.

Contre toute attente, Lao Che, Chen et Kao Kan se mirent alors à glousser de rire, visiblement enchantés.

— Et maintenant, Dr Jones, vous allez me rendre le diamant ! dit Lao Che entre deux éclats de rire.

Ce fut au tour d'Indy d'être surpris.

— Votre humour est assaisonné à la sauce piquante, ironisa-t-il, l'esprit aussi pétillant que son champagne.

Mais soudain, le sourire de Lao Che se figea et il brandit une fiole de liquide bleu en direction d'Indy.

— Qu'est-ce que c'est ? demanda celui-ci. Un digestif ? Mais je n'en suis qu'à l'apéritif…

— Non, pas un digestif, Dr Jones : un antidote.

Indy fronça les sourcils. Il avait dû mal comprendre…

— Un antidote ? Mais contre quoi ?

— Contre le poison que vous venez d'absorber, Dr Jones !

Indy passa le doigt sur le pourtour du verre et découvrit une substance blanche un peu visqueuse. « Trop bête ! » songea-t-il. Déjà, le poison faisait effet, il le sentit tout d'un coup. Il fallait agir vite !

Willie poussa un cri strident en sentant les dents de la fourchette déchirer sa robe et lui piquer la peau des côtes.

— Lao, fais quelque chose ! supplia-t-elle. Il a fait deux grands trous dans ma robe qui vient de Paris !

Malheureusement, le Chinois ne réagit pas.

— Faites ce que vous voulez de la fille, Dr Jones ! J'en trouverai une autre.

Sous les yeux d'Indy, la pièce se mit alors à tournoyer. Il lâcha Willie et tenta de se repérer dans la salle. C'est alors qu'il aperçut Wu Han dans la foule. Celui-ci se dirigeait vers la table avec dans les mains un plateau d'argent sur lequel était posé un verre de champagne vide… mais sous lequel pointait le canon d'un pistolet braqué sur Lao Che.

— Fini d… de j… jouer, Lao, balbutia Indy, triomphant.

Tout autour, les clients poursuivaient leurs discussions, entrecoupées d'éclats de rire et du bruit sec de bouchons de champagne qui sautaient. C'est pourquoi personne n'entendit le coup de feu tiré par Kao Kan en direction de Wu Han.

La surprise se lisait sur le visage du faux serveur lorsqu'il découvrit la tache rouge qui grandissait sur sa chemise blanche. Puis une douleur aiguë le cloua sur place et il s'écroula au sol.

— Indy…

Celui-ci n'avait pas entendu la détonation et, dans l'état où il se trouvait, il lui fallut de longues secondes pour comprendre ce qu'il venait de se passer. Il s'agenouilla alors à côté de celui qui avait partagé tant de moments palpitants avec lui.

— Ne t'inquiète pas, je… je v… vais te t… tirer de là…, promit-il.

— Non, pas cette fois, mon ami, murmura Wu Han. Je vous ai suivi dans beaucoup d'aventures,

mais c'est tout seul que je vais partir à la découverte du Grand Mystère…

Lao Che s'approcha alors d'Indy, un sourire moqueur au coin des lèvres.

— Ne soyez pas triste, Dr Jones ! plaisanta-t-il en posant deux doigts sur sa tempe. Vous allez bientôt le rejoindre…

CHAPITRE 2

Furieux, mais pris de vertiges, Indy puisa dans ses dernières ressources pour se relever, mais ce fut pour basculer de nouveau en arrière. En tombant, il heurta un serveur occupé à flamber au cognac une énorme brochette de pigeonneaux à une table voisine. Il ouvrit la main pour amortir sa chute et le diamant partit en vol plané…

Dans un éclair de lucidité, Indy attrapa la brochette enflammée et la lança en direction de Kao Kan. Au même moment, celui-ci tira un coup de feu sur Indy mais manqua sa cible. Le Chinois poussa un hurlement lorsque la pointe métallique lui transperça la poitrine.

Des cris d'effroi montèrent dans la salle. En apercevant Indy par terre et le Chinois embroché, plusieurs clients se levèrent et prirent la fuite en courant, frappés de terreur.

Lao Che se releva en titubant et proféra des menaces. Mais Indy ne l'écoutait pas : il se jeta à plat ventre sur la table et se laissa glisser en direction du Chinois.

Quant à Willie, elle s'était jetée dans la mêlée pour récupérer le diamant. La pierre précieuse roulait sur le sol, piétinée par la horde de clients paniqués.

— Si tu ne me donnes pas cette fiole, je te transforme en banane flambée et tu iras rejoindre ton copain Nurhachi dans son urne ! vociféra Indy en atterrissant sur le Chinois et en refermant une main de fer sur son poignet.

Lao Che partit de nouveau à la renverse et lâcha du même coup la fiole, qui décrivit plusieurs sauts périlleux avant d'atterrir en douceur au milieu des pieds et des verres cassés.

Lao Che hurla un ordre en chinois. Aussitôt,

ses sbires plongèrent la main dans la poche intérieure de leur smoking et en sortirent des hachettes à la lame bien aiguisée… qu'ils se mirent à lancer en direction d'Indy. Celui-ci n'eut que le temps de se mettre à couvert derrière une statue de femme grandeur nature.

Nullement perturbée par les hachettes qui venaient de temps à autre s'écraser au sol à côté d'elle, Willie était toujours à quatre pattes. Elle n'était pas au bout de ses peines, car quelqu'un venait de renverser un seau plein de glaçons… Impossible de repérer le diamant, maintenant !

La volée de hachettes s'étant interrompue faute d'armes à disposition des lanceurs, Indy glissa un œil sur Willie depuis le dos de la statue et la vit ramasser la fiole d'antidote bleu et la glisser furtivement dans le corsage de sa robe.

Rien – ou pas grand-chose – n'aurait pu faire davantage plaisir à Indy. En effet, Willie serait beaucoup plus facile à repérer dans la foule que la petite fiole.

Il ne lui restait plus qu'une chose à faire : trouver un moyen de s'approcher de Miss Scott !

CHAPITRE 3

N'ayant d'autre choix que de tenter le tout pour le tout, Indy sortit de sa cachette, les jambes flageolantes, et se fraya un chemin à plat ventre à travers la foule en direction de Willie. Il finit par la croiser dans la cohue.

— Donnez-moi la fiole ! ordonna-t-il.

— Donnez-moi le diamant ! répliqua-t-elle.

À ce moment, Chen, qui s'était emparé d'une mitraillette, se mit à tirer dans le tas comme un fou furieux.

— Ils sont vraiment empoisonnants, ces gens-là ! pesta Indy.

Entendant les balles siffler à ses oreilles, il se hâta de se trouver une autre protection.

Avisant un immense gong en cuivre, à côté duquel était accroché un sabre, il attrapa le sabre et trancha les cordes qui maintenaient le gong suspendu. Le plateau de métal s'écrasa au sol dans un fracas épouvantable.

L'avantage, c'est qu'Indy pouvait se cacher derrière et le faire rouler tout en s'en servant comme d'un bouclier pare-balles.

L'inconvénient, c'est qu'une fois lancé, le gong ne pouvait pas être stoppé. Indy tenta au moins de l'orienter vers la sortie en direction de laquelle progressait Willie. Il réussit à mettre le cap sur la chanteuse, qui se retourna avec des yeux exorbités en voyant le gigantesque disque de cuivre arriver droit sur elle à toute allure. Indy tendit un bras et la saisit par la taille, en l'attirant contre lui.

— Laissez-moi ! Au secours ! hurla la chanteuse.

Les balles ricochaient sur le gong, qui filait tout droit vers un vitrail qui s'étirait du sol au plafond. Il devint rapidement très clair que ni Indy ni Willie n'auraient la force suffisante pour l'arrêter. Emportés par leur élan, il leur était même impossible de ralentir.

— Un…deux…trois…, compta Indy. Maintenant !

Au contact du gong lancé à toute volée, le vitrail explosa en mille morceaux et les deux corps furent projetés dans le vide, sous une pluie d'éclats, cependant que le gong poursuivait sa course folle quelque part dans la nuit.

— Mais qui êtes-vous ? grommela Willie. Le messager de l'apocalypse ? Belzébuth incarné ? L'ange exterminateur ?

Elle était suspendue à un store de toile, au côté d'Indy, à deux mètres du sol. Il aurait voulu répondre quelque chose de spirituel, mais après cette chute de deux étages, il n'avait plus toute sa tête à lui.

Heureusement, dans la seconde qui suivit, une voiture dotée d'une capote tourna le coin de la rue et vint s'arrêter juste au-dessous des deux rescapés.

— Sautez ! ordonna Indy à Willie.

La capote amortit leur chute en se déchirant sous leur poids et ils atterrirent sur la spacieuse banquette arrière de l'auto.

Derrière le volant se trouvait un gamin de onze ans, Demi-Lune. Un bloc de bois attaché sous son pied droit lui permettait d'actionner les pédales du véhicule.

— À fond la caisse, Demi-Lune ! lança Indy.

— Mais… mais… le gamin ne va tout de même pas nous conduire jusqu'à… ! s'étrangla Willie.

Le démarrage fut si brutal qu'elle fut plaquée contre le dossier de la banquette. Juste à ce moment, Lao Che et sa bande émergèrent du club Obi Wan.

— Rattrapez-les ! ordonna Lao Che, écumant de fureur.

Mais Indy avait une autre préoccupation, beaucoup plus urgente.

— Donnez-moi l'antidote ! lança-t-il à Willie.

— L'antidote ? Quel antidote ? fit-elle en battant des paupières d'un air innocent.

D'ordinaire, Indy était plutôt galant homme, mais l'heure n'était pas aux mondanités. Il agrippa Willie et plongea la main à l'intérieur de son corsage pour en extraire la précieuse fiole.

— Je ne suis pas celle que vous croyez ! se défendit Willie en remettant de l'ordre dans son corsage.

Puis, d'une voix glaciale, elle lui décocha un « J'espère que vous vous étoufferez avec ! » bien senti.

Indy ne perdit pas une seconde de plus et avala le liquide bleu en priant pour que Lao Che n'ait pas menti et n'ait pas rempli la fiole d'un poison encore plus dangereux.

La voiture poursuivit son équipée sauvage, semant la panique dans les rues encombrées de Shanghai, cependant qu'Indy se requinquait petit à petit.

Il commençait à peine à recouvrer ses esprits lorsque Demi-Lune se retourna vers lui.

— Dr Jones, nous avons de la compagnie ! s'écria le jeune garçon.

Juste à ce moment, deux balles trouèrent la lunette arrière. Indy ne fit ni une ni deux. Il sortit son fidèle *Smith & Wesson* de son étui et le braqua sur leurs ennemis.

— Ah non, je vous en supplie, pas de coups de feu ! implora Willie en se blottissant contre le dossier.

Indifférent à cette prière, Indy vida le chargeur de son revolver sur leurs poursuivants, qui conclurent – un peu rapidement, peut-être – que le jeu n'en valait pas la chandelle.

— Regardez-moi ces trouillards ! s'exclama Indy d'un ton moqueur.

Quelques minutes plus tard, la voiture pénétrait dans l'enceinte d'un aérodrome situé aux abords de Shanghai. Demi-Lune passa devant un petit terminal sans s'arrêter et se dirigea vers la zone réservée au fret.

Sur la piste, un trimoteur ronronnait. La voiture s'immobilisa en crissant des pneus et Indy, qui avait retrouvé toute son énergie, sauta au-dehors, suivi par Willie.

Demi-Lune ne tarda pas à les rattraper, portant le sac à dos qu'il avait rempli des vêtements

et objets de première nécessité dont ils auraient besoin pendant leur expédition.

À la porte d'embarquement, un fonctionnaire tout ce qu'il y avait de plus officiel – c'est-à-dire britannique – se précipita vers le trio pour l'accueillir.

— Ah, Dr Jones, nous avons réussi à vous avoir trois sièges. Il y a juste un petit problème, j'en ai peur.

— Un petit problème ? s'alarma aussitôt Willie.

— Oui, hum… c'est que vous allez devoir voyager avec… hum… des poules.

— Moi, voyager avec des *poules* ? s'insurgea Willie. Mais vous n'y pensez pas ?! Ce sont des poules de luxe, au moins ?

— *Good Lord !* hoqueta alors le Britannique en reculant de deux pas. N'êtes-vous pas la célèbre Willie Scott ? Oh, je suis confus… vraiment confus…

Au moment où ils prenaient place à bord, leurs poursuivants arrivèrent à leur tour. À travers le hublot, Indy leur adressa un petit signe moqueur, car l'avion s'était déjà mis en route. Mais Lao Chen et ses hommes étaient hilares. Et pour cause : sur la carlingue de l'avion, on pouvait lire, en grosses lettres noires : TRANSPORT DE FRET LAO CHE.

CHAPITRE 4

Une fois dans les airs, Indy avait eu tôt fait de troquer son smoking contre sa tenue habituelle : pantalon de toile épaisse, chemise et blouson de cuir, sans oublier les bottes montantes et le Fedora dont il ne se séparait jamais.

Demi-Lune avait fait du bon boulot : il avait emporté tout le nécessaire.

— Alors, finalement, vous êtes dompteur de lions, c'est ça ? ironisa Willie en le détaillant de la tête aux pieds.

— Je vous ai permis de nous accompagner, mais tenez-vous à carreau, poupée, c'est compris ? riposta Indy, vexé.

Piquée au vif, Willie se campa devant lui de toute sa hauteur, les mains sur les hanches, cependant que les volatiles caquetaient dans leurs cages.

— Qu'est-ce que vous voulez dire par « Je vous ai permis de nous accompagner » ?! s'écria-t-elle avec indignation. Dès l'instant où vous avez mis le pied à l'Obi Wan, vous ne m'avez pas quittée des yeux. Vous ne manquez pas d'air !

— Ah oui ? répondit Indy d'un ton laconique.

Et sans autre forme de procès, il enjamba Demi-Lune et alla s'enfoncer dans le siège voisin, côté hublot. Puis il fit glisser le Fedora sur son nez.

Elle allait être étonnée, cette danseuse de pacotille ! Elle apprendrait à ses dépens qu'il était parfaitement capable de la quitter des yeux. D'ailleurs, le moment était particulièrement bien choisi pour faire un petit somme…

Indy rêva qu'il était de retour chez lui, à Marshall College, dans le Connecticut, où il enseignait l'archéologie. Dans son rêve, il faisait des recherches dans une bibliothèque dotée d'une hauteur sous plafond gigantesque. Mais quelque part dans une allée, au milieu des rayonnages, il entendait la voix de Willie Scott. Sa voix s'amplifiait. Elle hurlait : « Oh, NOOOONNN !!! Monsieur Jones ! Monsieur Jones ! » Et soudain, il se sentait secoué comme un cocotier. Mais il ne savait pas pourquoi. Un tremblement de terre venait-il de se déclencher ?

Indy ouvrit les yeux. Willie l'avait attrapé par le col de sa chemise et le bousculait pour le réveiller.

— Monsieur ! Monsieur ! Réveillez-vous !

— Mais qu'est-ce qui vous prend ? Nous sommes déjà arrivés ?

— Non ! Mais nous ne risquons pas de parvenir à destination, vu qu'il n'y a plus personne aux commandes !

Cette nouvelle incroyable eut pour effet d'arracher Indy à sa torpeur. Il se leva d'un bond et se précipita vers le cockpit. C'était pourtant vrai ! Le pilote et le copilote avaient filé à l'anglaise.

— Vous savez piloter, j'espère ?

— Non, mais l'occasion fait le larron ! répondit-il.

Effondrée par cette révélation, Willie s'affala dans le fauteuil du copilote.

Indy passa en revue les nombreux compteurs, boutons et autres manettes. Il avait toujours voulu apprendre à piloter, mais il n'avait jamais trouvé le temps… Il fallait un début à tout !

Le secret consistait à garder son calme. « Il ne faut sûrement pas être un génie pour comprendre le B-A.BA du pilotage », se dit Indiana.

— Alors, voyons voir… altimètre : OK, dit-il. Anémomètre : OK. Carburant…

Seule la jauge ne semblait pas fonctionner. L'aiguille était positionnée devant le « E »… pour *EMPTY* : VIDE !

Indy tapota le verre protecteur avec son index et une lumière rouge apparut. Aucun doute : le réservoir était vide. Au même instant, l'un des moteurs commença à hoqueter et l'aéroplane se mit à piquer du nez, tout droit vers une montagne enneigée. Dans la foulée, les deux autres moteurs s'arrêtèrent net. L'avion devint vite incontrôlable.

— Demi-Lune, va chercher des parachutes ! À l'arrière !

Le jeune garçon fila à toute vitesse vers la queue de l'avion, où se trouvait la caisse contenant le matériel de sauvetage : elle était vide.

De retour dans le cockpit, il secoua la tête en levant les bras d'un air dépité. Aussitôt, Indy fouilla à son tour dans tous les coins de la carlingue et finit par découvrir un grand carton qui contenait leur seule chance de salut.

— Demi-Lune, donne-moi un coup de main !

Ils sortirent alors de son emballage un radeau de survie gonflable. Pas exactement l'idéal pour atterrir dans la neige…

— Demi-Lune ! Ramasse nos affaires, *presto !*

— *Subito,* Dr Jones ! Comptez sur moi !

Sans prendre le temps de s'attarder sur les progrès linguistiques de son élève, Indy fit coulisser la porte : aussitôt, la force du vent glacial le plaqua contre le métal. Il ne restait plus que quelques secondes avant que l'avion ne s'écrase…

— Allons-y ! hurla-t-il à l'adresse de Willie et de Demi-Lune. Accrochez-vous à moi et... tenez bon !!

Willie poussa un hurlement de terreur au moment où Indy tirait sur la corde pour gonfler le radeau. Il agrippa les flancs de l'embarcation de toutes ses forces, en passant les poignets entre les écoutes et le caoutchouc des boyaux…

Et ce fut le grand saut…

Dix secondes plus tard, l'avion s'écrasait contre une montagne enneigée. L'énorme boule de feu déclencha une avalanche.

Le vent leur sifflait aux oreilles mais soufflait en tourbillons, ce qui avait pour effet de ralentir la chute du radeau. Ils heurtèrent violemment un flanc de montagne et rebondirent en contrebas ; où leur chute vertigineuse se termina par une glissade effrénée sur plusieurs centaines de mètres.

— Ralentissez, Dr Jones ! gémit Demi-Lune.

Mais il n'y avait pas de freins… Il fallait attendre que le radeau s'immobilise de lui-même. La glissade continua donc, suivie d'un vol plané et l'atterrissage anticipé se transforma en amerrissage… au beau milieu de rapides déchainés.

— On ne s'en est pas si mal tirés ! commenta fièrement Indy, premier surpris que son plan abracadabrant ait fonctionné.

— Vous êtes cinglé, il n'y a pas à dire ! explosa Willie, tout échevelée et les joues rougies par le froid.

Indy s'apprêtait à protester lorsqu'il vit une expression d'épouvante se dessiner sur le visage de la jeune femme et sur celui de Demi-Lune. En effet, ce qu'ils voyaient derrière le dos d'Indy avait de quoi terroriser l'aventurier le plus aguerri.

— Dr Jones, les freins ! Les freins ! hurla Demi-Lune.

Trop tard : le radeau de survie jaune venait de décoller. Il resta en suspension dans l'air quelques secondes, puis fut précipité au bas de chutes d'eau.

— Je déteste être mouillée ! Je déteste l'eau ! écumait Willie. Dr Jones, je vous hais !

CHAPITRE 5

Au pied des chutes, le radeau fut emporté par le courant et valsa à la surface de l'eau comme une cocotte en papier, mais ne tarda pas à être dévié vers un affluent de la rivière, au débit plus mesuré.

Les trois rescapés poussèrent alors des soupirs de soulagement, heureux d'être encore en vie. Ils se laissèrent un moment bercer par le doux clapotis.

— Quelqu'un sait-il où nous sommes ? demanda alors Willie.

Pour être franc, Indy n'en avait pas la moindre idée. Il opta donc pour un silence poli et entreprit de calculer combien de jours ils pour-

raient tenir avec leurs maigres rations. Mais déjà, Willie et Demi-Lune poussaient un nouveau cri d'effroi.

« Qu'est-ce qu'il y a, encore ? » maugréa Indy intérieurement.

Il leva les yeux et découvrit un vieil homme sur la berge, qui les dévisageait de son œil perçant.

Une couronne de cheveux blancs formait un halo autour de ses joues hâlées. De grande taille, il portait au cou plusieurs rangées de lourdes perles et une robe ample en tissu. Il y avait quelque chose de digne, presque mystique, dans son regard sombre.

Tout de suite, Indy comprit où ils se trouvaient. L'homme en question était un chaman, prêtre-sorcier des montagnes de l'Inde. Il le salua silencieusement : pour ce faire, il joignit les paumes et leva les mains pour aller toucher son front. Willie et Demi-Lune l'imitèrent maladroitement, puis les trois navigateurs accostèrent.

Toujours sans un mot, le chaman leur fit signe de le suivre le long d'un sentier étroit qui serpentait à travers un paysage accidenté et désolé où ne subsistaient plus de ce qui avait dû être une forêt luxuriante que des troncs calcinés.

Ils arrivèrent bientôt dans un village au pied

de la montagne. Les villageois contemplèrent les nouveaux venus avec des yeux hagards. C'était un village misérable, un assemblage de pauvres huttes de terre.

Indiana s'aperçut tout de suite que les villageois s'intéressaient particulièrement à Demi-Lune. Il regarda autour de lui et constata qu'il n'y avait pas d'autre enfant alentour. Chacun voulait toucher le gamin, qui se colla tout contre Indy, quelque peu effrayé par tant d'affection.

Le chaman les invita à entrer dans une hutte au toit de chaume plus grande que les autres. Dans la lumière du couchant, qui était dispensée

par l'unique ouverture, les ombres s'étiraient.

À l'intérieur, un autre homme aux cheveux blancs les accueillit, qui devait être le chef du village. Assis en demi-cercle sur un tapis élimé, Indy découvrit six autres personnages en robe, d'un âge avancé.

« Les sages du village », conclut-il.

Le chaman fit signe au trio de prendre place près des anciens.

Le chef leva une main et, aussitôt, trois femmes apportèrent des écuelles en bois remplies de nourriture, une pour chacun des visiteurs.

Indy les remercia en hindi mais Willie fit la grimace.

— Je ne pourrai jamais avaler ça, gémit-elle, le cœur au bord des lèvres.

— Ils nous offrent davantage que ce qu'ils mangent en une semaine, lui fit observer Indy. Vous ne voyez pas que ces gens sont affamés !

Willie regarda alors autour d'elle et décida de tendre son écuelle à une femme qui n'avait que la peau sur les os.

— Désolée, je ne voudrais pas vous priver. Je vous donne ma part de bon c…

— Vous les insultez et vous me faites honte ! interrompit Indy, furieux. Mangez, je vous dis !

— Oui, mangez ! renchérit Demi-Lune en hochant la tête pour l'encourager.

Indy approuva en silence. Bien dit ! Le gamin avait du bon sens. Et, sans trop savoir ce que contenait son écuelle, il enfourna la nourriture dans sa bouche en avalant tout rond, dans l'espoir que le goût ne persisterait pas trop...

Puis son attention se porta de nouveau sur Willie, qui se forçait à avaler le ragoût. Pour la première fois, il éprouva de l'admiration pour cette croqueuse de diamants à la petite semaine : il fallait qu'elle mange… et elle mangeait ! Sans dire un mot.

Au moment où les dernières lueurs du soleil

disparaissaient, un courant d'air traversa la hutte.

— Ça sent les ennuis, Dr Jones, susurra alors Demi-Lune, d'un ton grave. Le vent du soir est un mauvais présage.

Mais Indy avait déjà levé les yeux vers le chef.

— Pourriez-vous nous trouver un guide qui nous conduise jusqu'à Delhi ? demanda-t-il, toujours en hindi. Je suis professeur et je dois regagner mon université.

C'est alors que le chaman prit la parole pour la première fois, d'une voix lente et rauque.

— Bien sûr : Sajnu vous accompagnera.

Après avoir précisé que son village s'appelait Mayapore, il annonça aux visiteurs :

— En allant à Delhi, vous ferez halte à Pankot.

— Mais… Pankot n'est pas sur notre chemin, objecta Indy.

— Vous vous rendrez au palais, insista le chaman.

Indy avait en mémoire des récits à faire frémir au sujet du palais de Pankot. Mais c'était de l'histoire ancienne.

— Je croyais le palais déserté depuis les années 1850 ?

— Non, non, plus maintenant. Un nouveau maharadjah s'y est installé et il fait de nouveau régner la puissance des ombres de la nuit.

Le vieil homme contempla ses malheureux congénères, amassés à l'entrée de la hutte, les yeux emplis d'espoir.

— C'est de cet endroit que vient le mal qui tue les miens.

— Comment cela ? Que voulez-vous dire ? demanda Indy.

— Le mal prend racine à Pankot. Puis, tel la mousson, il répand la peur et les ténèbres dans tout le pays.

Demi-Lune se pencha vers Indy.

— Dr Jones, je vous aurai prévenu. Tout ça ne sent pas bon. Écoutez, vous vivrez plus vieux…

Le chaman poursuivit son récit.

— Ils sont venus du palais et ils ont emporté la *sivalinga*.

Willie adressa à Indy un regard interrogateur.

— C'est une pierre sacrée, expliqua-t-il. Protectrice.

— C'est pourquoi Shiva vous a amenés ici, indiqua le chaman, en référence à un dieu de la religion hindoue.

Cette fois, Indiana en était convaincu : ce pauvre vieux chaman perdait la tête.

— On ne nous a pas amenés ici : notre avion s'est écrasé.

— Oui, il s'est… écrasé, confirma Willie.

— Non, non, non ! rétorqua le chaman, visiblement très amusé par cette explication. Nous avons prié Shiva pour qu'il nous aide à récupérer la pierre et c'est lui qui vous a fait tomber du ciel. Pour que vous alliez à Pankot rechercher notre *sivalinga*.

Indy ouvrit la bouche pour protester. Tout ce qu'il voulait, c'était aller à Delhi, faire un bon repas, se doucher et dormir à l'hôtel, puis prendre un billet pour les États-Unis.

Mais le chaman le fixait du regard avec obstination.

— Venez, je vais vous montrer où se trouvait la pierre.

Il était impossible de refuser l'invitation. Aussi, quelques instants plus tard, le trio de naufragés

des airs se retrouva-t-il devant un autel creusé dans un énorme rocher. La niche ménagée en son centre était vide. Indy passa la main à l'intérieur, puis en tâta tout le pourtour.

— Cette pierre était lisse ?

— Oui, confirma le chef du village.

— Est-ce qu'elle portait trois lignes, représentant les trois niveaux de l'univers ?

Le chef du village hocha la tête avec excitation.

— J'ai déjà vu des pierres comme celle-là. Mais pourquoi les gens de Pankot vous l'auraient-ils volée ?

— Parce qu'ils veulent que nous honorions leur dieu du mal, répondit tristement le chaman, et que nous refusons.

— Euh, si je peux permettre, votre sainteté, intervint Willie, comment la disparition d'une pierre peut-elle entraîner la destruction de tout un village ?

Les yeux du vieil homme s'emplirent de lar-

mes. Son regard se porta au loin et il se mit à parler en hindi.

— Quand la pierre sacrée a été dérobée au village, traduisit Indy, les puits se sont asséchés et la rivière s'est transformée en sable. Les récoltes ont été avalées par la Terre. Les animaux se sont couchés sur le sol et sont tombés en poussière. Et puis, une nuit, un feu a dévasté les champs. Les hommes sont partis le combattre mais, à leur retour, les femmes pleuraient dans l'obscurité.

Le vieux chaman marqua une pause, comme si ce qui allait suivre était extrêmement douloureux.

— Les enfants..., traduisit encore Indy pour ses compagnons. Il dit qu'ils ont volé tous leurs enfants.

Cette nuit-là, Indy n'arriva pas à fermer l'œil, incapable de prendre une décision : aller à Pankot ? Ne pas y aller ? Il décida alors d'aller marcher dans le village endormi et silencieux.

Il crut vivre un cauchemar en voyant arriver devant lui un gamin squelettique, qui lui tendit un fragment de tissu orné d'une peinture en murmurant « Sankara » avant de s'écrouler dans

ses bras. Juste à ce moment, Demi-Lune émergea à son tour des ténèbres.

— Il a dû s'échapper de Pankot !

— À mon avis, quelqu'un est convaincu que la *sivalinga* est l'une des Pierres de Sankara. Or ces pierres possèdent un tel pouvoir qu'il est impossible de le décrire avec des mots…

CHAPITRE 6

Le lendemain matin, les villageois avaient préparé trois éléphants à leurs sauveurs : un gigantesque pachyderme doté de défenses massives et recourbées pour Indiana Jones, une éléphante de taille plus raisonnable, destinée à Willie, et un éléphanteau pour Demi-Lune.

Lorsque tous trois eurent pris place sur leurs montures respectives – certains avec plus de facilité que d'autres – Indy donna le signe du départ à Sajnu, qui ouvrait la marche. Le lourd convoi se mit en branle, flanqué de cinq autres guides qui se déplaceraient à pied.

— Une seconde, Indy ! gémit Willie.

Après s'être hissée à grand-peine sur son élé-

phante elle se trouvait assise dans le mauvais sens – c'est-à-dire qu'elle contemplait l'imposant postérieur de l'animal.

— Je ne vais tout de même pas aller jusqu'à Delhi dans cette position !

— Nous n'allons pas à Delhi, répondit placidement Indy. Nous allons au palais de Pankot.

Il avait pris sa décision à l'aube, incapable d'oublier les yeux hagards de cet enfant affamé, rescapé des horreurs du palais de Pankot, qui lui avait remis la précieuse relique. Il ne pouvait refuser son aide à tous ces gens qui l'imploraient.

— Pankot ?! se récria Willie. Je ne peux pas aller à Pankot !! Je suis chanteuse, moi ! Il faut que j'appelle mon impresario et…

Indy préféra ignorer ce tapage et se concentra sur la foule des villageois, qui se pressait pour leur souhaiter bonne chance. Il espérait seulement qu'il saurait se montrer digne de leur confiance…

Ils marchèrent tout le jour dans la touffeur de la jungle, au rythme des ballottements de leur monture pataude.

Lorsque fut venue l'heure à laquelle le soleil

sombrait à l'horizon, Indy ne sentait plus ses reins. Il regarda par-dessus son épaule pour voir dans quel état se trouvait Willie.

Ses boucles blondes tout emmêlées, dégoulinante de sueur, elle était penchée en avant, occupée à répandre sur la tête de l'éléphant ses dernières gouttes de parfum afin d'atténuer la puanteur qui se dégageait de l'animal. Celui-ci barrit son mécontentement à plusieurs reprises.

— Oh, tais-toi ! Tu sais ce dont tu aurais bien besoin ? Je vais te le dire, moi : d'un bon bain…

Comme si elle comprenait ces paroles, l'élé-

phante trempa l'extrémité de sa trompe dans le cours d'eau boueux qui serpentait parallèlement au sentier suivi par les voyageurs. Elle en aspira une bonne quantité, fit pivoter sa trompe velue par-dessus sa tête et éclaboussa Willie, qui poussa un hurlement et partit à la renverse, avant de terminer à quatre pattes dans l'eau.

Demi-Lune rit aux éclats.

— Ha ! Ha ! Ce que vous êtes drôle ! Vraiment très drôle !

Loin de partager son hilarité, Willie fondit en larmes.

— J'étais contente à Shanghai. J'avais une petite maison et un jardin. Tous mes amis étaient riches. Nous allions à des fêtes... Je déteste être dehors. Je risque de perdre ma voix...

« Si seulement c'était vrai ! » songea Indy. Mais même à lui, elle inspira de la pitié, assise dans l'eau à sangloter...

— Je crois que nous allons camper ici cette nuit, annonça-t-il aux guides.

Une heure plus tard, Indy, Demi-Lune et Willie – qui avait trouvé une eau plus claire où se rincer – étaient assis autour d'un feu, occupés à avaler le même ragoût que la veille.

— Vous vous êtes rencontrés comment, vous et votre petit garde du corps ? demanda la jeune femme à Indy.

— Je l'ai pris la main dans le sac, répondit Indy... ou plutôt au fond de ma poche. Je ne pouvais pas vraiment lui en vouloir : il avait quatre ans quand sa famille a été tuée lors du bombardement de Shanghai par les Japonais et depuis, il a toujours vécu dans la rue. Pas vrai, Demi-Lune ?

— Dr Jones, mon héros ! commenta flatteusement le gamin.

— Tu parles d'un héros ! gronda Willie. Il nous traîne à dos d'éléphant vers un palais déserté. Mais pourquoi, je te le demande un peu ? Même pas pour de l'argent ! Alors, pourquoi ? Pour la gloire ?

De l'intérieur de son blouson, Indiana tira soigneusement le morceau de tissu que lui avait confié le gamin squelettique. Il attira l'attention de Willie sur les silhouettes dessinées en rouge, bleu et or et sur les signes hiéroglyphiques inscrits au-dessous.

— C'est extrait d'un vieux manuscrit, expliqua-t-il. Ce pictogramme, ici, représente Sankara, un prêtre très ancien.

Willie tenta de se concentrer sur les silhouettes antiques et sur les mystérieux signes, mais la trompe de son éléphante vint se poser sur son épaule.

— Dégage de là, grosse balourde ! s'emporta-t-elle.

— Hum… C'est du sanskrit, poursuivit Indy. C'est une partie de la légende de Sankara. Il escalade le mont Kalisa et là, il rencontre Shiva, le dieu hindou.

— Et qu'est-ce que ce Shiva tend au prêtre ?

— Des pierres. Il lui commande d'aller com-

battre les forces du mal. Et pour aider Kalisa, il lui remet les cinq pierres sacrées qui possèdent des propriétés magiques.

— Des pierres magiques ?! Mais bien sûr…, railla Willie. Tiens, ça me rappelle mon grand-père. Il était magicien. Il a passé sa vie entière avec un lapin dans la poche et des pigeons dans ses manches. Il a rendu beaucoup de gens heureux mais il est mort dans la misère. Alors, la magie...

Willie détourna les yeux, une expression de dépit sur le visage, puis elle éloigna son tapis de couchage du feu de bois.

— Je crois que je vais dormir, maintenant, annonça-t-elle en bâillant. Bonne nuit, Dr Jones ! Faites de beaux rêves…

— Où allez-vous comme ça ? demanda Indy.

Mais elle repoussa encore plus loin sa literie de fortune.

— Vous devriez vous rapprocher de moi. Ce serait plus sûr.

Willie lâcha un ricanement d'un air entendu.

— Dr Jones, je me sentirais plus en sécurité si je dormais avec un serpent…

À ces mots, Indy se releva d'un bond, le cœur palpitant.

Ce qu'il craignait le plus au monde, la seule créature qui transformait ses muscles en gelée et le rendait incapable de penser clairement, avait ondulé depuis une branche jusque sur les épaules de Willie et s'enroulait autour de son cou.

Un serpent ! Un énorme serpent !! Encore et toujours des serpents !!!

Le célèbre aventurier Indiana Jones pointa un doigt tremblant vers la créature abominable qui recouvrait maintenant la poitrine de Willie. Il aurait tellement voulu la mettre en garde… mais aucun mot ne sortait de sa gorge nouée.

Elle se demanda bien ce qui arrivait au valeureux dompteur de lions. Il en faisait, une drôle de tête !

C'est alors qu'elle sentit le serpent au contact de sa peau. Froid. Humide.

Indy se prépara mentalement à l'entendre pousser un de ces hurlements stridents dont elle avait le secret.

Il rentra la tête dans les épaules, toujours muet.

Mais contre toute attente, Willie prit le serpent pour… la trompe de l'éléphante qui avait passé la journée à lui jouer des tours et elle l'attrapa à deux mains, avant de le balancer à plusieurs mètres derrière elle.

— J'ai dit : *Dégage de là, grosse balourde !!* maugréa-t-elle.

Le serpent s'enfonça dans les buissons sans demander son reste.

Inconsciente de ce qu'elle venait de faire, Willie pesta :

— C'est pas croyable, je déteste cette éléphante !

CHAPITRE 7

Dès l'aube, ils se remirent en route. Les lianes oscillaient dans la brise humide, contournées par les éléphants qui se frayaient pesamment un chemin à travers cette végétation luxuriante, au milieu d'un brouhaha fait de pépiements, de grondements et de cris rauques.

Au terme de plusieurs heures d'une progression lente et ardue, Indy aperçut une trouée dans la forêt et, soulagé, constata que le soleil était encore haut dans le ciel et qu'ils pourraient donc achever leur voyage dans la journée.

Une heure plus tard, le convoi émergea de la jungle pour s'enfoncer dans une vallée marécageuse. Empêtrés dans le bourbier, les pachy-

dermes poussaient des barrissements à fendre l'âme, mais ils surmontèrent cette mauvaise passe.

C'est au moment où le ciel s'irisait des premiers chatoiements du crépuscule qu'ils entamèrent l'ascension d'une montagne aux flancs broussailleux et desséchés. L'air se raréfiait petit à petit, mais soudain…

— Dr Jones, regardez ! s'exclama Demi-Lune au sortir d'un virage.

Un ensemble de tours couronnées de dômes aux reflets mauves resplendissait dans le lointain.

Après avoir marché pendant des heures sans

presque jamais voir le ciel, il semblait quasiment irréel aux voyageurs de dominer la montagne tels des seigneurs d'une autre époque.

Ils n'avaient pas croisé une seule hutte en chemin et voilà que s'offrait à leurs regards un palais de style moghol, si vaste qu'on aurait dit une petite ville à lui tout seul ! Ses toits arrondis et incrustés d'or diffusaient une lumière surnaturelle.

Indy se tourna vers Willie, qui contemplait ce spectacle bouche bée. On aurait cru cet endroit sorti des *Mille et une nuits.* Mais le ravissement fut de courte durée.

Escaladant la sente étroite qui menait au palais, ils s'arrêtèrent pour examiner ce qui ressemblait à une niche funéraire...

Indy reconnut aussitôt la statue qui se trouvait à l'intérieur de l'enfoncement pratiqué dans la roche. Il avait déjà vu des représentations de la déesse hindoue de la destruction et de la mort : Kali, jadis adorée par la secte sanguinaire des *thugs.* Connus pour étrangler les voyageurs, ils avaient sévi du treizième au dix-huitième siècle.

Certes, Kali avait ses bons côtés puisqu'elle détruisait le mal au même titre que le bien.

Mais cette statue était sinistre au possible : dans chacune de ses huit mains, elle tenait une tête humaine en décomposition !

Indy s'apprêtait à déchiffrer ce qui était écrit sur le socle de la statue lorsque Willie se mit à pousser des cris stridents.

— Non ! Non ! Ne partez pas !

Et de poursuivre les guides, qui repartaient vers Mayapore sur les éléphants.

— Je vous en supplie, ne nous abandonnez pas ! Nous ne pourrons jamais rentrer chez nous !!

Indy secoua la tête, médusé.

— Voyons, Willie : les éléphants ne peuvent pas aller plus loin..., expliqua-t-il.

— Ah non ? répliqua cette dernière. Et pourquoi donc ? Comment allons-nous nous déplacer à partir de maintenant ?

— Eh bien, nous allons marcher.

— Marcher ?

— Oui : marcher.

Willie fut secouée de tremblements, dictés par la fatigue autant que par la révolte, et elle grommela :

— Je déteste marcher. Je vous hais, tous autant que vous êtes !

CHAPITRE 8

C'est le lendemain, au milieu de l'après-midi, que le trio pénétra dans l'enceinte du palais de Pankot. Deux gardes vêtus d'une longue robe blanche et enturbannés de rouge se tenaient de chaque côté de la cour, chacun armé d'un cimeterre.

— Bonjour, messieurs ! lança Indy d'un ton enjoué.

Ils restèrent immobiles, sans réaction. Un homme engoncé dans un costume sombre, d'allure très officielle, fit alors son apparition dans l'encadrement d'une porte et, avisant les nouveaux venus, se dirigea vers eux, l'air pincé.

— Vous vous êtes égarés ? demanda-t-il poliment.

— Pas du tout, répondit Indy, quelque peu agacé par le ton hautain de ce portier de luxe. Nous sommes en route pour Delhi. Voici miss Scott et monsieur… Demi-Lune. Je me présente : Indiana Jones.

L'homme haussa un sourcil avec surprise.

— Dr Jones, l'éminent archéologue ? La première fois que j'ai entendu parler de vous, c'était à Oxford. Je suis Chattar Lal, Premier ministre de Son Altesse le Maharadjah de Pankot.

Il serra la main d'Indy et s'inclina devant Willie.

— Je suis enchanté, mademoiselle, déclara-t-il d'une voix suave en lui baisant la main, ce qui déplut fortement à Indy.

Puis Chattar Lal leur fit signe de le suivre à l'intérieur.

Indy ne se rappelait pas avoir jamais visité palais d'une pareille splendeur, qu'il s'agisse

des plafonds dorés d'une hauteur vertigineuse, voûtés et soutenus par des colonnades, ou des œuvres d'art qui s'offraient aux regards à chaque pas.

Chattar Lal entraîna le trio dans un escalier en spirale, aux marches décorées de mosaïques, jusqu'à un couloir tranquille où il leur désigna deux chambres : l'une pour Willie, richement décorée, l'autre pour Indy et Demi-Lune, juste en face. Puis le Premier ministre les pria d'assister au dîner qui aurait lieu ce soir-là dans le pavillon du maharadjah.

Aussitôt, Willie prit un air dépité : sa robe d'un grand couturier parisien était restée dans l'avion calciné…

— Qu'à cela ne tienne ! répondit le Premier ministre. Je vous envoie un tailleur…

Willie lui adressa un sourire à ce point charmeur qu'Indy en éprouva – était-ce possible ? – une pointe de jalousie. Il n'aurait jamais imaginé qu'elle pût sourire ainsi…

Pour se consoler, il alla s'étendre sur le luxueux lit à baldaquin qui trônait au milieu de sa chambre et poussa un long soupir. Quel contraste par rapport à l'inconfort du tapis de sol sur lequel il avait passé les deux dernières nuits !

Mais aussitôt, il repensa aux enfants disparus. Pour entrer dans les bonnes grâces des criminels qui les gardaient prisonniers ici, il devrait donner le change. Et l'éminent Dr Jones ne pouvait aller dîner en haillons.

— Demi-Lune, trouve-moi des vêtements convenables, s'il te plaît !

CHAPITRE 9

Avant de descendre dîner, Indy s'examina dans le miroir en pied, à côté de son lit. Il s'était douché et avait enfilé une chemise ornée d'un nœud papillon, une veste sport, un pantalon repassé de frais et des chaussures cirées par Demi-Lune, qui prenait à son tour un bain.

Satisfait, il sortit de la chambre et traversa le couloir pour aller frapper à la porte de Willie. Pas de réponse. Se prélassait-elle encore dans l'eau mousseuse de sa baignoire dorée à l'or fin ? Faisait-elle une sieste bien méritée ?

« Bah ! se dit-il en se dirigeant vers l'escalier à spirale. Elle saura bien trouver son chemin.

Au pire, elle sonnera le Premier ministre de Son Altesse… »

Il n'était pas le premier invité à se présenter dans le pavillon du maharadjah. Quatorze autres hommes regardaient danser des femmes en saris diaphanes. Ce tourbillon multicolore évoluait au son d'airs folkloriques interprétés par des musiciens en tuniques turquoise.

Pour sa part, Chattar Lal avait troqué son costume sombre et son turban pour une simple veste à col haut : une *sherwani*, traditionnelle parmi les hommes du nord de l'Inde.

Une fois le spectacle terminé, pendant que les invités applaudissaient, le Premier ministre alla saluer Indy.

— Nous avons bien de la chance de recevoir tant d'hôtes inattendus ce soir.

À côté de lui se tenait un homme entre deux âges, aux yeux bleu vif, les joues encadrées de favoris frisés.

— Je vous présente le capitaine Blumburtt, fit Lal.

Le Britannique sourit et tendit la main à Indy.

— Onzième régiment de chasseurs à pied,

annonça-t-il fièrement. Dr Jones, je présume ?

— Le capitaine et ses hommes effectuent une inspection de routine, expliqua Chattar Lal, avant d'ajouter d'un ton persifleur : les Anglais trouvent amusant de nous inspecter chaque fois que bon leur semble.

— Hum… hum… fit le capitaine en s'empourprant. Je… j'espère que nous ne vous importunons pas, Excellence…

Mais le Premier ministre avait décidé de l'humilier.

— Les Britanniques s'inquiètent beaucoup pour leur empire. Ils ont peur que nous l'abîmions. Alors, ils sont aux petits soins pour nous…

À ce moment, Willie et Demi-Lune firent leur entrée. Le souffle coupé, Indy découvrit une femme à la beauté radieuse, dans une robe de tulle qui semblait avoir été confectionnée pour une princesse indienne. Les bracelets et les col-

liers de style moghol qui ornaient ses poignets et son cou lui allaient à ravir !

— Vous êtes resplendissante, fit Indy lorsqu'elle s'approcha de lui.

Mais Willie n'avait d'yeux que pour Chattar Lal.

— Monsieur le Premier ministre, comment appelle-t-on la femme d'un maharadjah ?

— Son Altesse n'a pas encore pris d'épouse, répondit Lal.

— Comme c'est intéressant ! Peut-être n'a-t-il pas encore trouvé… chaussure à son pied, suggéra-t-elle avec un sourire mutin.

Indy n'en croyait pas ses oreilles. S'était-elle mis en tête d'épouser le maître des lieux ? Scandalisé par tant d'audace, il ouvrit la bouche pour la rappeler à l'ordre, mais un coup de gong retentit : le moment était venu pour les convives de passer dans la salle voisine.

Des coussins aux couleurs vives y avaient été disposés autour d'une longue table basse. À l'image du reste du palais, elle éblouissait par le luxe de ses chandeliers en or massif, de ses vases débordant de fleurs exotiques et de son argenterie, qui brillait tellement qu'on l'aurait crue sertie de diamants.

Demi-Lune et Willie furent guidés vers une extrémité de la table, cependant qu'Indy était conduit près de la place d'honneur, à l'autre bout, juste à côté du capitaine Blumburtt et face à Chattar Lal, qui le couvait d'un œil mauvais.

Ce dernier se racla la gorge et le silence se fit. Un bras levé en direction de deux portes en argent massif, il déclama :

— Son Altesse suprême, gardien de la tradition de Pankot, le Maharadjah de Pankot, Zalim Singh !

Les portes s'ouvrirent et apparut alors une silhouette engoncée dans un manteau de brocart rouge et or qui lui descendait au-dessous du genou : celle d'un jeune garçon âge de treize ans tout au plus, coiffé d'un turban orné d'énormes joyaux.

Tous les invités s'inclinèrent et Indy fit de même. Mais du coin de l'œil, il se réjouit de l'expression de dépit qui venait d'apparaître sur le visage de Willie.

Le petit maharadjah hocha la tête et tout le monde fut autorisé à s'asseoir. Un autre signe de tête à l'attention du personnel de service déclencha un ballet de plateaux dorés remplis de victuailles. Avec un geste théâtral, l'un des

serveurs souleva la cloche qui masquait le hors-d'œuvre. Indy fut saisi de panique en découvrant un boa constrictor fumant !

Encore un de ces satanés serpents ! Mais *pourquoi, pourquoi* le sort s'acharnait-il ainsi à les placer sur son chemin ? Indy s'agrippa à la table pour maîtriser sa terreur et ne pas se donner en spectacle. Il n'était pourtant pas au bout de ses peines… Lorsque le serveur ouvrit le ventre de la bête et que des anguilles vivantes se faufilèrent à l'extérieur et partirent dans tous les sens en ondulant sur la table, Indy eut un haut-le-cœur. Empoignant leur fourchette, les invités

les embrochèrent avant de se les enfourner avec délectation.

— C'est succulent, Altesse ! s'extasia un convive, la bouche encore pleine.

Les yeux exorbités, Indy croisa le regard de Chattar.

— Vous ne mangez rien, professeur ?

— C'est que… c'est que… en arrivant tout à l'heure, je me suis dit qu'il y avait peut-être anguille sous roche et… et je m'aperçois que je n'étais pas si loin de la vérité… Ha ! Ha ! Cette préparation est tout à fait… originale !

— Vous devriez essayer, Dr Jones. Vous verrez : ça glisse tout seul…

Indy était déterminé à poursuivre la conversation. Tout plutôt que d'avaler une de ces bestioles ! Il attaqua donc le premier sujet qui lui venait à l'esprit. Un sujet qui, à dire vrai, n'avait cessé de hanter ses pensées depuis son arrivée au palais : cette statue abominable de Kali. Sa présence ne pouvait vouloir dire qu'une chose : l'ancien culte des *thugs* avait repris du service dans la région et il voulait en apprendre davantage.

Et si son échange avec Lal durait suffisamment longtemps, toutes les anguilles disparaîtraient

peut-être, englouties par les autres invités…

— Excellence, une question me turlupine depuis mon arrivée.

— Ah oui, laquelle ? demanda Lal d'une voix onctueuse.

— Eh bien, voyez-vous, je m'intéresse de près à la secte des *thugs*. Vous n'ignorez pas qu'ils étaient particulièrement actifs dans cette région. Des rumeurs laissent entendre qu'ils sont de retour : j'aimerais avoir votre avis éclairé sur la question.

À la seule mention de ce nom, Lal se rembrunit.

— Dr Jones, vous savez aussi bien que moi que le culte des *thugs* a été éradiqué voilà près d'un siècle…

— Et comment donc ! renchérit le capitaine Blumburtt. Ces *thugs* étaient des barbares qui adoraient la déesse Kali au nom de laquelle ils commettaient des sacrifices humains. L'armée de Sa Gracieuse Majesté en a disposé comme il convenait.

Mais quoi que puissent en dire ce Premier ministre et ce capitaine d'opérette, Indy avait acquis la certitude que la secte des adorateurs de Kali avait repris du service. Sinon, pourquoi

cette statue et ces restes humains accrochés à ses bras ?

L'heure n'était plus aux échanges de politesses diplomatiques. Tant pis s'il offensait Chattar Lal. Indy avait une mission à accomplir et il avait l'intention de s'en acquitter.

Il se jeta à l'eau sans se soucier des conséquences.

— Excellence, nous venons d'un petit village dont les habitants nous ont raconté que le palais de Pankot regagnait peu à peu sa puissance d'antan. Selon eux, c'est parce que certaines forces du mal y ont de nouveau élu domicile. Je me demande comment ils ont pu se mettre une telle idée en tête et, encore une fois, j'aimerais avoir votre avis éclairé sur la question.

Indy avait fait mouche. Le coup avait porté.

Chattar Lal était devenu livide. Il empoigna la dernière anguille qui ondulait sur la table et lui trancha net la tête avec son couteau affûté.

CHAPITRE 10

— Ce sont des racontars de villageois, répondit Lal en essuyant son couteau. Un mélange de crainte et de folklore…

C'est alors qu'un serviteur déposa le plat suivant sur l'assiette d'Indy : une tête de singe qui le contemplait de ses yeux grands ouverts, dont la boîte crânienne avait été découpée de façon à faire apparaître la cervelle.

Mais cette fois, Indy ne fut pas horrifié. Il avait déjà mangé de la cervelle de singe. Franchement, ce n'était pas pire que de se nourrir d'escargots, comme les Français ! Il se demanda toutefois avec amusement si Willie trouvait toujours si séduisante la vie au palais d'un maharadjah de

treize ans qui se nourrissait d'anguilles vivantes et de cervelle de singe encore palpitante…

Une fois sa dégustation achevée, Indy revint au sujet qui l'intéressait au premier chef.

— Pardonnez mon impertinence, Excellence, mais ces villageois nous ont également dit que des gens venus du palais de Pankot leur avaient dérobé une pierre infiniment précieuse.

— Une pierre précieuse ?! s'esclaffa Chattar Lal. Vos amis pensent-ils que nous en manquons, ici, au palais ?

Indy se pencha vers Lal en plissant les yeux.

— Il ne s'agit pas d'une pierre comme les autres. Il existe un lien entre elle et la vieille légende des Pierres de Sankara.

Indy guettait la réaction de Lal – s'il était au courant qu'un enfant s'était enfui du palais, son visage l'aurait peut-être trahi. Mais non, il ne laissa rien transparaître.

— Dr Jones, il faut se méfier des rumeurs malveillantes.

Le jeune maharadjah était resté silencieux pendant toute cette conversation et on aurait pu croire qu'il n'en avait rien écouté. Mais il fit comprendre à Lal qu'il désirait s'exprimer.

Ce dernier s'inclina devant son maître et lui céda la parole.

— Quand j'étais petit, on m'a raconté des histoires terribles au sujet des *thugs*, dit-il du ton posé d'un garçon très mûr pour son âge. Je croyais que c'était une invention destinée à faire peur aux enfants qui refusaient de dormir. Mais j'ai appris par la suite que la secte des *thugs* avait vraiment existé et que ces gens commettaient des actes innommables. J'ai honte de ce qu'il s'est passé ici il y a tant d'années et je vous assure que, tant que je régnerai sur ce royaume, plus rien de tel ne se passera.

— Si je vous ai offensé, Votre Altesse, je vous prie humblement de m'en excuser, répondit Indy, en inclinant la tête.

De toute évidence, la valeur n'avait pas attendu le nombre des années chez ce maharadjah. Indy venait d'apprendre ce qu'il avait cherché à savoir : si les forces du mal étaient bel et bien à l'œuvre au palais de Pankot, Zalim Singh n'en était pas le complice.

Pour ce qui était de l'impétueux Chattar Lal, Indy n'aurait pas pu l'affirmer avec la même certitude.

CHAPITRE 11

Après le dîner, Indy réussit à obtenir un plateau de fruits frais auprès d'un serviteur. Après avoir dit bonsoir à Demi-Lune, qui tombait de sommeil, Indy frappa à la porte de Willie. Tenant d'une main le plateau dissimulé derrière son dos, il dénoua son nœud papillon de l'autre. Il se demandait si la jeune femme avait remarqué son élégance, au dîner.

Willie lui ouvrit la porte en pyjama de soie mauve. Sa chevelure flottait sur ses épaules.

— J'ai quelque chose pour vous, annonça Indy.

— Rien de ce que vous pouvez avoir n'est

susceptible de m'intéresser, répliqua-t-elle avec dédain.

— Dans ce cas, excusez-moi de vous avoir importunée.

Indy pivota alors sur ses talons en faisant passer le plateau devant lui. Puis il attendit quelques secondes et croqua bruyamment dans une pomme.

L'instant d'après, Willie lui arrachait la pomme de la main et la dévorait avec voracité.

— Oh, vous êtes un type très bien, sous vos dehors de fripouille. Je pourrais peut-être faire de vous mon esclave...

Willie se saisit alors du plateau et alla s'enfermer dans sa chambre. Indy n'eut d'autre choix que de rentrer dans la sienne.

— Pour qui se prend-elle ? Je te parie qu'elle viendra frapper à ma porte dans cinq minutes… peut-être même quatre.

Mais quatre minutes s'écoulèrent, puis cinq, sans que Willie se manifeste. Vexé, Indy s'apprêtait à déboutonner sa chemise pour se coucher lorsqu'il crut percevoir un mouvement, dans le coin opposé. Un reflet dans le miroir, peut-être ?

Indy se leva pour aller y regarder de plus près. C'est alors qu'un homme enturbanné jaillit de la pénombre devant lui. Il brandit un garrot en soie et le passa autour du cou d'Indy.

« Un *thug* ! » songea-t-il immédiatement. La strangulation était leur mode d'assassinat préféré…

Indy se débattit comme un beau diable. Puis il attrapa un gros pot de cuivre et le fracassa contre le crâne de son agresseur, qui lâcha prise et partit à reculons, sonné.

C'est alors que Demi-Lune, réveillé par ce tapage, se manifesta.

— Dr Jones, votre fouet ! Attrapez !

Il lui lança l'instrument et Indy eut tôt fait d'enrouler la lanière autour du cou de l'homme au turban.

— Tel est pris qui croyait prendre ! fanfaronna Indy.

Mais il avait parlé trop vite. D'un coup d'une violence inouïe, son agresseur lui arracha des mains le manche du fouet qui partit en l'air en tourbillonnant.

Malheureusement pour le *thug*, le manche se prit dans les pales du ventilateur du plafond, qui tournaient avec ardeur pour dissiper la chaleur de l'air ambiant.

Le fouet se mit à tourner au même rythme que le ventilateur et l'homme se trouva petit à petit entraîné de plus en plus haut jusqu'à finir étranglé par la lanière.

— Demi-Lune, veux-tu bien débrancher, s'il te plaît ! demanda Indy en massant son cou endolori.

Une fois le moteur du ventilateur arrêté, le manche du fouet se décrocha et le cadavre s'affala sur le sol.

Sans états d'âme, Indy récupéra son fouet et se précipita chez Willie pour la protéger contre une éventuelle agression.

Mais la jeune femme était allongée sur son lit lorsqu'elle le vit entrer en trombe.

—Je me disais bien qu'il ne vous faudrait que cinq minutes, pas davantage, pour vous jeter à mes pieds…

Mais Indy ne l'écoutait pas. Il fouilla la pièce dans les moindres recoins, avant de conclure, rassuré :

— Il n'y a personne ici.

Willie se dressa sur son lit.

—Je vous demande pardon, espèce de mufle ? Et moi ? Je ne suis pas ici, peut-être ?

Soudain, Indy sentit un courant d'air. Il humecta son index et chercha à en découvrir l'origine. Il s'aperçut qu'il faisait délicatement remuer des fleurs séchées dans un vase. Cela ne pouvait signifier qu'une chose : cette pièce donnait accès à une sorte de passage ou d'antre secret.

Il suivit le filet d'air frais jusqu'à une statue de femme, à l'autre extrémité de la pièce. Il se mit

alors à tripoter le buste sur toutes ses coutures, sous les yeux atterrés de Willie.

— Ohé ? Je suis là ! Vous vous rappelez ? Et puis, moi, je suis bien vivante !

C'est alors que la statue s'enfonça dans le mur de pierre, révélant une ouverture. Indy se retourna vers Willie en triomphateur, puis il pénétra à l'intérieur. Là, il remarqua tout de suite une inscription peinte sur la paroi de cette sorte de caverne. Des signes de sanskrit avaient été calligraphiés sous une illustration défraîchie représentant un prêtre s'inclinant devant un dieu. Indy traduisit l'inscription à haute voix : « Suis les pas de Shiva. Ne trahis pas sa vérité. »

Indy compara le dessin sur le mur à celui qui figurait sur le morceau de tissu que lui avait remis le petit fugitif à Mayapore : les similitudes étaient frappantes. Dans les deux cas, Shiva et Sankara étaient représentés.

Demi-Lune fit alors son entrée dans la chambre. Il vint se placer à côté d'Indy, et se tourna vers lui d'un air interrogateur.

— Demi-Lune, va chercher nos affaires ! ordonna son maître. Nous allons partir en exploration.

CHAPITRE 12

Indy et Demi-Lune s'élancèrent dans le passage – pendant que Willie montait la garde dans la chambre.

— Marche où je marche et, surtout, surtout, ne touche à rien ! ordonna Indy au jeune garçon.

Si Demi-Lune se montrait plus discipliné avec Indy que dans les rues de Shanghai, sa curiosité lui jouait parfois des tours. Ainsi, apercevant un anneau de métal sur une porte enchâssée dans le mur, il tira dessus de toutes ses forces.

Résultat, la porte vola en éclats et l'imprudent se trouva nez à nez avec deux cadavres momifiés.

— AU SECOURS !! hurla-t-il.

Jones se retourna en secouant la tête.

— Il me semblait t'avoir demandé de…

— … C'est promis ! jura Demi-Lune. Maintenant, je marcherai où vous marchez et je ne toucherai plus à rien.

Petit à petit, le tunnel devenait plus étroit et il fallut bientôt qu'Indy baisse la tête tant le plafond était bas. Il fut surpris d'entendre des craquements sous ses pas.

Ce que confirma Demi-Lune :

— On dirait que j'écrase des biscuits croustillants, analysa-t-il.

— Attends, je vais jeter un coup d'œil, répondit Indy en craquant une allumette.

Tous deux se figèrent sur place devant un spectacle terrifiant : le sol et les parois de l'étroit tunnel étaient couverts de millions d'énormes bestioles : une collection vivante des arthropodes, hexapodes et arachnides les plus répugnants qui soient ! En découvrant un gigantesque scorpion sur sa jambe, Demi-Lune agrippa le bras d'Indy.

— Il va me piquer ! Je vais mourir ! Très mauvaise nouvelle… !

— C'est bon, calme-toi. Je vais le décrocher.

Tu vois, ça y est, il est tombé ! déclara Indy après avoir balayé l'intrus.

Mais aussitôt, un autre prit sa place. Indy le chassa derechef, mais un troisième partit à l'assaut de la jambe de Demi-Lune. Une minute de plus, et tous deux en seraient couverts et voués à une mort certaine !

Le mieux était de continuer d'avancer. Par chance, à quelques mètres devant eux, Indy discerna l'ouverture de ce qui ressemblait à une grotte.

— Allons-y ! Vite, Demi-Lune, vite !!

Ils eurent tôt fait de s'y engouffrer. Malheureusement, en passant, Demi-Lune appuya sur un bouton dissimulé dans le sol, ce qui actionna une lourde porte en pierre qui se mit à coulisser devant l'entrée de la grotte, cependant qu'à l'autre bout, un second mécanisme bloquait la sortie.

Ils se retrouvèrent pris au piège !

Indy craqua une deuxième allumette et regarda autour d'eux : apercevant deux squelettes sur le sol, Demi-Lune poussa un cri et fit un pas en arrière.

— Stop ! s'écria Indy. Ne bouge plus. Va t'adosser au mur ! Et reste là, d'accord ?

— C'est OK, Dr Jones ! Vous me dites de rester contre le mur, je fais ce que vous dites. C'est pas ma faute, pas ma faute !

Il ne leur restait plus qu'une chance de s'en sortir. Certes, ce n'était pas gagné d'avance, mais il fallait tenter le coup.

— *Williiieee!!* hurla Indy à travers une petite fissure dans la roche. Venez jusqu'à nous, on est dans le pétrin !

Il attendit l'équivalent d'une éternité et finit par entendre un cri strident dans le lointain : manifestement, Willie venait de tomber sur les deux momies libérées de leur sarcophage de pierre par Demi-Lune. Indy se laissa alors glisser au pied de la paroi de la grotte, soulagé.

Mal lui en prit, car il sentit alors quelque chose s'enclencher derrière son dos et, instantanément, l'un des squelettes se releva et des pieux jaillirent du sol... mais aussi du plafond. Pire encore, le plafond se mit à descendre !

— Bon sang ! s'écria Indy. Mais que fait donc Willie ?!

Une autre série de cris suraigus le rassura : elle avait atteint la partie du corridor où grouillaient les insectes. Enfin, il l'entendit gronder et pester contre lui de l'autre côté de la paroi de la grotte. C'était bon signe :

— Je commence à en avoir ma claque de vous deux ! lâcha-t-elle.

Indy leva les yeux au plafond : les pointes descendaient bien rapidement ! Il fallait qu'il agisse

sans plus tarder. Avisant le crâne du deuxième squelette, il étira le bras pour s'en saisir et parvint à le coincer dans l'espace qui séparait la paroi de la grotte du plafond mobile, ce qui eut pour effet de freiner le mécanisme. L'espace de quelques secondes, le plafond resta immobile. Mais presque immédiatement le crâne explosa et la descente infernale recommença.

— Willie ! appela de nouveau Indy.

— Oui, je suis là, vous vous souvenez de moi ?

Et elle se mit à tambouriner contre la roche.

— Indy, laissez-moi donc rentrer !

— Non, l'idée, c'est que *vous* nous fassiez sortir d'ici ! Il y a forcément quelque part un levier ou un bouton-poussoir, qui actionne la porte coulissante, expliqua-t-il. Trouvez-le ! Et vite !

— Je ne vois que deux ouvertures carrées, fit Willie.

— Alors, essayez celle de droite ! ordonna Indy, en s'efforçant de rester patient.

— Ooooohhh... il y a plein de bestioles gluantes à l'intérieur, gémit Willie. Je ne peux pas...

— Si, vous le pouvez ! fit Indy pour l'encourager. Vous le devez, sinon nous allons mourir em-

brochés, Willie, c'est ce que vous voulez ?! Non ? Alors, enfoncez la main dans l'ouverture !

Il sentit une pointe se planter dans son chapeau. Il avait beau se recroqueviller sur le sol, dans quelques secondes, il serait troué.

— J'ai trouvé ! s'écria alors Willie.

Au même moment, les pieux se rétractèrent dans le sol et dans le plafond, et la porte coulissa de nouveau.

Willie se précipita à l'intérieur de la grotte en hurlant.

— Débarrassez-moi de ces saletés ! J'en ai partout !

Et elle se mit à faire des sauts de cabri pour faire tomber les insectes dont elle était couverte. Elle courait dans tous les sens et finit par heurter le mur à l'endroit précis où se trouvait la commande de fermeture des portes.

Avec un grondement sinistre, les deux blocs de pierre coulissèrent de nouveau et les pieux resurgirent à leur tour.

— C'est pas moi ! C'est pas moi ! se défendit Demi-Lune.

Willie se mit à pousser des cris stridents.

— Dépêchez-vous, glissez-vous sous la porte à l'autre bout ! Nous avons juste le temps ! plaida Demi-Lune.

— Il a raison, allons-y ! renchérit Indy.

Et touts trois parvinrent à rouler sur le sol hors de la grotte. Juste à temps !

— Mon chapeau ! songea Indy au dernier moment.

Sans réfléchir, il repassa le bras sous l'énorme

bloc de pierre et attrapa au vol son précieux Fedora, cinq secondes avant que la grotte soit de nouveau scellée.

CHAPITRE 13

Indiana, Demi-Lune et Willie parcoururent au pas de charge le tunnel plus large qui se trouvait de l'autre côté de la grotte aux pieux, jusqu'à ce qu'ils soient plaqués contre la paroi par un puissant courant d'air, qui gémissait de façon sinistre.

Au-dessous d'eux – au moins l'équivalent de cinq étages d'immeuble plus bas – un temple souterrain aux dimensions colossales avait été creusé dans le roc.

De gigantesques statues d'éléphants, de lions et de divinités effrayantes – des monstruosités mi-humaines mi-animales avec des gueules

déformées par la haine et des crocs acérés – dominaient une foule de fidèles, tous de sexe masculin et tous vêtus de pagnes, qui se prosternaient en chantant devant un autel en saillie sur une paroi rocheuse. Ils en étaient séparés par une crevasse naturelle d'où montaient des nuages de fumée.

Sur l'autel trônait une statue de Kali à quatre bras : d'une main, elle tenait un sabre, dans la seconde la tête coupée d'un géant et les deux autres étaient tendues vers ses adorateurs, comme pour les encourager à la vénérer. À ses pieds était posé un immense crâne, qui semblait habité d'une lumière intérieure.

— C'est une cérémonie *thug*, murmura Indy.

À ce moment, un énorme tambour fut frappé à trois reprises. D'une seconde sur l'autre, les incantations cessèrent.

Un silence glaçant envahit l'immense espace et le grand prêtre de cette funeste cérémonie se matérialisa dans un nuage de fumée. Ses yeux cernés de rouge flamboyaient dans des orbites profondes, contrastant avec la pâleur de son visage. Au sommet de son étrange couvre-chef, qui semblait avoir été fabriqué avec un crâne de bison, était piquée une tête réduite.

Le tambour résonna encore trois fois et le grand prêtre leva les bras. Un cri épouvantable monta alors des entrailles du temple : celui d'un homme traîné contre sa volonté par deux prêtres jusqu'à une cage métallique dans laquelle on le força à pénétrer avant de l'y attacher avec des lanières.

Le grand prêtre avança alors vers lui, plaça une main à hauteur de la poitrine de l'homme et entama un chant rituel… avant de plonger la main dans son corps pour en extraire son cœur. Willie plaqua une main contre sa bouche pour étouffer un cri d'effroi, cependant que Demi-Lune fermait les yeux pour ne pas voir. Quant à Indy, il manqua défaillir. Mais le plus extraordinaire, c'est que l'ouverture pratiquée dans le thorax de la victime sacrificielle s'était aussitôt refermée ! Indy n'en croyait pas ses yeux, pas plus que l'homme auquel on venait d'arracher le cœur !

Son répit fut de courte durée. Une trappe s'ouvrit alors sous la cage, révélant un gouffre au fond duquel bouillonnait de la lave écumante. Le grand prêtre brandit le cœur encore battant bien haut devant lui en direction de la statue de Kali, avec un sourire de dément, et il actionna lui-même le levier qui allait précipiter la victime dans la fournaise.

Lorsque la cage fut remontée, il n'y avait plus trace de l'homme qui avait été si cruellement sacrifié à la déesse.

Sa mission accomplie, le grand prêtre recula et disparut comme il était arrivé, dans un nuage de fumée sulfureuse. Trois autres prêtres firent

alors leur entrée et se dirigèrent vers l'autel. Ils portaient trois pierres en forme de cône – du quartz cristallisé – qu'ils placèrent dans les yeux et dans la bouche de la statue de Kali. Lentement, les pierres se mirent à rougeoyer, puis virèrent au blanc incandescent.

— C'est une pierre comme celle-là qu'ils ont dérobée à Mayapore, expliqua Indy. C'est l'une des Pierres de Sankara.

— Pourquoi diffusent-elles cette lumière ? fit Willie.

— D'après la légende, lorsque les pierres sont réunies, les diamants qu'elles contiennent se mettent à rougeoyer.

— Des diamants ?! s'exclama Willie. Voyez-vous ça !

Au bout d'un moment, les adeptes de Kali se dispersèrent et le temple se vida petit à petit.

— Écoutez-moi ! fit alors Indy. Pas question que je parte d'ici sans récupérer les pierres…

— Oh non ! renchérit Willie en battant des paupières.

— Mais c'est trop dangereux pour vous deux, alors vous allez rester ici bien tranquilles et je viendrai vous rechercher.

Soudain, Willie parut sincèrement inquiète.

— Dangereux ? Évidemment ! Vous pourriez vous faire tuer, Dr Jones… Vous êtes bien sûr de vouloir tenter le coup ?

Encouragé par cette marque d'affection, Indy répondit :

— Pas de panique ! J'écoute toujours les conseils de Demi-Lune, alors je vivrai très vieux !

C'était la première fois que Willie manifestait à son égard de l'inquiétude.

Encouragé par cette preuve de l'intérêt qu'elle lui portait, Indy effleura les lèvres de Willie… qui ne protesta pas.

Puis, il sauta sur un balcon qui surplombait le temple.

Quelques instants plus tard, Indy contemplait les trois Pierres de Sankara. Conscient du pouvoir immense qu'elles recelaient, il se prépara à reculer à la première alerte. Puis, prudemment, il avança la main vers celle de droite. Il la toucha. Bien qu'elle semble chauffée à blanc, elle ne le brûla pas. Mais dès qu'il eut ôté la pierre de son logement, l'éclat du diamant qu'elle contenait se dissipa. Il la rangea dans sa gibecière.

Au moment où il ôtait la troisième pierre de l'œil gauche de la statue hideuse – qui le fixait

de ses orbites dénudées – Indy entendit un cri, qui semblait provenir de l'arrière de l'autel.

Il contourna la statue et découvrit une colonne de lumière. Elle émanait d'un boyau qui s'enfonçait sous terre encore plus profondément que le temple. Il se pencha et ouvrit la bouche toute grande devant l'effroyable spectacle qui s'offrit alors à lui : des enfants en haillons travaillaient dans une mine. Les plus lents recevaient des coups de fouet d'un *thug* géant !

Indy eut juste le temps de lui jeter une grosse pierre. Entendant un cliquetis suspect, il se retourna pour faire face à dix *thugs* armés jusqu'aux dents.

CHAPITRE 14

Indy se réveilla dans une cellule de prison, les mains enchaînées derrière la tête. En face de lui, Demi-Lune était enchaîné à un mur.

— Dr Jones, quand allez-vous m'écouter ? Je vous le répète : vous vivrez plus longtemps !

— Où est Willie ? demanda Indy lorsqu'il eut recouvré ses esprits.

— Les gardes l'ont emmenée, mais je ne sais pas où, répondit le jeune garçon.

À côté de lui se trouvait un gamin en haillons et, à travers les barreaux de la cellule, Indy aperçut d'autres enfants qui maniaient le pic dans la mine, en ahanant. Le gamin était assis

par terre et se balançait d'avant en arrière. Il semblait prier.

Soudain, il leva les yeux vers Indy et l'implora :

— De grâce, monsieur, laissez-moi mourir ! Je prie Shiva depuis si longtemps pour qu'il me fasse mourir, mais je ne meurs pas. Pourtant, je voudrais tant, car je sais qu'ils vont faire pénétrer le mal en moi.

— De quoi parles-tu ? Qui veut faire entrer le mal en toi ? interrogea Demi-Lune.

— Ils vont me faire boire le sang de celui qui répand le mal. Je sombrerai dans le sommeil noir...

— Le sommeil noir ? Qu'est-ce que c'est ? demanda Indy.

— Lorsqu'on est prisonnier du sommeil noir, on devient comme eux, expliqua le gamin. On est vivant – mais c'est comme un cauchemar. Une fois qu'on a bu de ce sang qui est l'essence du mal, on ne se réveille plus jamais du cauchemar.

Tout à coup, des gardes ouvrirent la grille de la cellule et traînèrent Indy jusqu'à une autre salle du temple. Là, ils l'enchaînèrent de nouveau à un gros rocher.

Une silhouette familière fit alors son entrée et se dirigea vers Indy.

— Je suis Mola Ram, le grand prêtre. Tu as été pris en flagrant délit : tu essayais de voler les Pierres de Sankara. Comme tu le sais, au départ, elles étaient au nombre de cinq. Mais, au fil des siècles, elles ont été dispersées par les guerres, et vendues aux plus offrants par des voleurs tels que toi.

Indy ricana devant tant de mauvaise foi.

— Des voleurs comme moi ? Et puis quoi encore ? D'ailleurs, où sont les deux autres, celles qui vous manquent ?

— Il y a un siècle, lorsque les Britanniques ont pris d'assaut ce temple et massacré mon peuple, un prêtre loyal à notre cause les a cachées dans les tunnels souterrains, les catacombes de ce temple.

— Ah, je comprends maintenant pourquoi vos esclaves se cassent les reins à manier le pic ! Tous ces enfants innocents !

À ce moment, un garde entra, qui tirait par le bras un Demi-Lune terrorisé.

— Ils creusent pour trouver des diamants à l'appui de notre cause, insista Mola Ram. Ils cherchent aussi les deux dernières Pierres de

Sankara. Bientôt, nous les posséderons toutes les cinq et les *thugs* seront tout-puissants ! s'exclama-t-il.

Le garde sur lequel Indy avait lancé une pierre s'approcha alors de Mola Ram tel un zombie : il tenait un crâne qu'il remit au grand prêtre. Puis il se pencha sur Indy, ses mains lui enserrèrent la tête et il la fit basculer en arrière avant de tenter de lui écarter les mâchoires.

Mola Ram vint se placer devant Indy et inclina le crâne dans l'espoir évident de lui verser le liquide empoisonné dans le gosier. Mais Indy résista tant et si bien qu'il fallut le concours d'un second garde pour le forcer à ouvrir la bouche.

— Ne buvez pas, Dr Jones ! hurla Demi-Lune.

Quelqu'un d'autre assistait à la cérémonie dans l'ombre : le maître des lieux en personne, le jeune maharadjah, Zalim Singh. Devant la résistance d'Indy, il avança en pleine lumière, les yeux injectés de sang et entama un sifflement inquiétant comme un cobra prêt à bondir.

Il en fallait plus pour effrayer Indy, qui serrait toujours les dents. Mais l'un des gardes lui pinça le nez… et dès qu'Indy ouvrit la bouche pour

respirer, une bonne goulée de liquide fut versée à l'intérieur qui descendit tout droit dans son estomac.

— Pauvre Dr Jones... ! se lamenta Demi-Lune.

L'instant d'après, Indy perdit connaissance.

Lorsqu'il se réveilla, Indy se trouvait sur un tertre : un énorme bloc de pierre, entouré de centaines de bougies allumées. Son corps fut secoué de convulsions et il grogna de douleur à mesure que la potion infâme qu'on l'avait contraint à ingérer prenait effet.

Puis, tout d'un coup, son corps se détendit.

Une étrange sensation de paix intérieure monta en lui. Il n'avait jamais ressenti pareil bien-être. Il était totalement bien dans sa peau. Zen. En plein nirvana.

Il leva une main et l'examina avec émerveillement, comme s'il ne l'avait jamais vraiment regardée avant, comme s'il n'avait jamais pris conscience du pouvoir qu'elle recelait.

Il n'était plus lui-même. Dans le tréfonds de son esprit, dans quelque recoin obscur des arcanes de son cerveau, une petite voix le lui criait. Mais le plus extraordinaire, c'est qu'il s'en moquait !

Il aimait cette autre peau qu'il avait endossée, cet être nouveau qu'il était devenu. Avec un sourire malveillant, il rejeta la tête en arrière et partit d'un rire tonitruant.

CHAPITRE 15

Indiana Jones se tenait debout devant l'autel, vêtu d'un pagne, à côté de Chattar Lal, qui portait pour sa part une soutane de prêtre. Le Premier ministre contempla le symbole mystique qui avait été inscrit sur le front d'Indy et ses lèvres se pincèrent en un sourire approbateur.

Le jeune maharadjah se trouvait au milieu des fidèles, mais sur une plate-forme surélevée.

Mola Ram se matérialisa alors comme à son habitude, émergeant des volutes de fumée qui montaient de la crevasse. Derrière lui, les trois Pierres de Sankara rougeoyaient dans les orbites et dans la bouche du crâne posé au pied de la statue.

Il commença à scander les versets du culte des ténèbres, cependant qu'Indy, le regard fixe, traduisait ses paroles : « Mère, protège-nous ! Nous sommes tes enfants. Nous allons te prouver notre dévotion en t'offrant une victime sacrificielle. »

Il ne ressentit aucune émotion en voyant Willie rendue folle par la terreur, poussée de force à l'intérieur de la funeste cage métallique, encore dans sa robe du soir à fleurs…

— INDYYYYY !!!!! AU SECOOOUUURRRRSS !!!

Les sens d'Indy avaient été comme anesthésiés par la potion : il resta sourd à cet appel, tel un mutant. Ni tout à fait lui-même, ni tout à fait un autre.

L'un des prêtres actionna le levier et la cage s'enfonça lentement dans la crevasse.

— NOOONNN !! NOOONNNN !!! hurlait Willie.

Indy observait la scène, impassible. Il y avait bien une lointaine petite voix, dans le recoin de sa mémoire où son ancien « moi » était tenu captif, qui lui murmurait d'agir, mais elle ne parvenait pas à l'arracher à sa torpeur.

Soudain, il poussa un cri de douleur. Au niveau de la poitrine, il avait senti comme une… intense brûlure. Devant lui, un jeune garçon agitait une torche en criant :

— Dr Jones, pardon, vous êtes mon meilleur ami, mais il faut vous réveiller !

C'était Demi-Lune, qui fut immédiatement maîtrisé par des gardes. La brûlure produisit chez Indy l'effet d'un électrochoc et le ramena à la réalité, annihilant l'effet du poison.

— Attendez ! cria-t-il à l'adresse des gardes.

Levant une main mécaniquement, il affecta de parler comme un zombie :

— Laissez-le ! Il est à moi.

Les gardes libérèrent Demi-Lune, qui se précipita vers Indy. Aussitôt, il se saisit du garçon et le brandit au-dessus de la crevasse fumante en poussant des cris barbares. Puis il le regarda fixement… et lui fit un clin d'œil.

— Je suis de retour parmi vous, rassure-toi ! lui dit-il.

Puis il reposa Demi-Lune et se rua vers un garde pour lui décocher un formidable uppercut. Quant à Demi-Lune, il se mit à virevolter tel un expert en karaté. Un coup de pied dans le ventre à celui-ci, un coup de pied dans l'estomac à cet autre…

Indy attrapa au vol une lance qu'un garde venait de lâcher et chargea en direction de Mola Ram. Mais avec un rire triomphant, le grand prêtre s'éclipsa par une porte dérobée, au pied de la statue.

« Aucune importance ! » songea Indy.

Et de fait, l'essentiel était de stopper la descente aux enfers de Willie. Il fallait faire vite, car la foule des fidèles commençait à s'agiter de l'autre côté de la crevasse.

Avec l'aide de Demi-Lune, Indy tourna la manivelle qui permettait de remonter la cage.

C'était compter sans Chattar Lal, qui se rua sur eux avec férocité, brandissant une dague. Indy se campa face à lui, fit mine de l'esquiver et Lal trébucha. Emporté par son élan, il alla terminer sa course entre deux poulies, bloquant du même coup le mécanisme qui régissait les mouvements de la cage.

Sans états d'âme, Indy poussa le corps inerte de Lal et se remit à tourner furieusement la manivelle.

Enfin, la cage métallique réapparut. Willie se trouvait toujours à l'intérieur, mais inconsciente.

— Willie, c'est moi ! Je suis guéri ! appela Indy avec angoisse.

Lorsqu'elle ouvrit les yeux, une expression de soulagement éclaira son visage. Mais déjà, Demi-Lune venait de jeter sa gibecière à Indy, qui attrapa les trois Pierres de Sankara en roulant des yeux à l'adresse des fidèles pétrifiés, qui se demandaient qui étaient ces énergumènes venus

d'ailleurs et s'ils devaient ou non intervenir pour leur arracher les pierres.

— Et maintenant, allons libérer les gamins ! lança-t-il.

CHAPITRE 16

Indy, Willie et Demi-Lune étaient tapis dans l'ombre d'un tunnel et observaient les enfants-esclaves. Le garde qui les surveillait était si près qu'ils pouvaient presque le sentir.

Indy avait une ébauche de plan. En se servant de la tige métallique d'une des fleurs artificielles piquées dans la robe de Willie, il avait forcé la serrure d'une porte qui conduisait au palais. Une fois les enfants libérés, ils emprunteraient ce passage pour sortir de la mine. L'étape qui précéderait demeurait plus floue dans l'esprit d'Indy…

Mais en voyant un garde brutaliser l'un des

enfants à coups de fouet, il se dit que le pire, c'était l'inaction. Il jaillit de l'ombre et donna de toutes ses forces un coup de poing dans la mâchoire du *thug*, qui s'écroula. L'un des enfants poussa un cri de joie, vite imité par tous les autres.

Willie et Demi-Lune quittèrent à leur tour leur cachette. La jeune femme sortit de la poche du garde la grosse clef nécessaire pour détacher les chaînes qui entravaient les petits esclaves.

Telle une volée de moineaux, ils fuirent les tunnels dans lesquels ils étaient emprisonnés depuis si longtemps. Face à cette débandade, les gardes se trouvèrent complètement démunis : certains furent littéralement piétinés, d'autres reçurent le contenu de paniers remplis de pierres que leur jetait un groupe d'enfants depuis une galerie supérieure.

Indy, Willie et Demi-Lune fouillaient tous les gardes à terre pour extraire les clefs de leurs poches et les donner aux enfants. Mais le dernier n'avait pas plus tôt été libéré qu'ils virent alors débouler vers eux un *thug* géant qui brandissait une matraque.

Depuis la galerie supérieure où se trouvaient les lanceurs de pierres quelques instants avant,

le jeune maharadjah se mit de son côté à agiter une *kryta* – une poupée utilisée dans le culte vaudou. Elle ressemblait exactement à Indy et il allait ressentir exactement ce que lui infligerait Zalim.

Pour commencer, le maharadjah enfonça à plusieurs reprises une épingle de turban dans le dos de la poupée. Aussitôt, Indy se tordit de douleur. Le garde en profita pour le traîner vers un tapis mécanique au bout duquel se trouvait un broyeur de pierre.

— Demi-Lune…aarrrgghhh !!! La poupée ! En…lève-lui la poupée… aarrrgghhh !!! eut-il juste le temps de lancer.

Le garde s'apprêtait à balancer Indy sur le tapis, sous le regard impuissant de Willie. Dans quelques secondes, l'homme le plus courageux qu'elle ait jamais rencontré serait réduit en miettes !

Mais soudain, la douleur disparut comme elle

était venue. « Bravo, Demi-Lune ! » songea Indy. Il trouva alors la force de repousser le garde et, avisant une scie, il la lui planta dans le ventre. Le *thug* partit à la renverse et atterrit sur le tapis roulant en gigotant. Indy détourna les yeux pour ne pas voir ce qui allait suivre…

Sur la galerie supérieure, Demi-Lune avait administré à Zalim le même traitement qu'à Indy et arraché le maharadjah à l'emprise du « sommeil noir ».

Reconnaissant, Zalim lui confia alors :

— Pour vous sauver, prenez le tunnel de gauche !

CHAPITRE 17

Demi-Lune venait à peine de redescendre de la galerie supérieure et de rejoindre Indy et Willie lorsque Mola Ram et six gardes du temple firent leur apparition au-dessus d'eux. Le grand prêtre ordonna à ses sbires d'ouvrir le feu.

Les trois fuyards filèrent à la vitesse de l'éclair et gagnèrent une galerie voisine, dans laquelle ils découvrirent des rails et des wagonnets.

— Sautez à l'intérieur ! s'écria Indy tout en poussant l'un d'entre eux pour lui donner de la vitesse.

Willie s'empêtra dans sa robe longue mais parvint tout de même à se hisser dessus avant

de retomber au fond du chariot, les jambes en l'air.

— Ha ! Ha ! Très drôle, miss Willie ! s'esclaffa Demi-Lune, ce qui lui valut un regard noir.

Indy sauta à son tour dans le wagonnet qui s'enfonça à vive allure dans le tunnel… le tunnel de droite.

— Indy, il fallait prendre celui de gauche ! s'écria alors Demi-Lune, se rappelant le conseil du maharadjah. Le tunnel de gauche !!

Willie s'agrippa à lui de peur d'être éjectée hors du wagonnet tant le virage était serré. Le vent leur sifflait aux oreilles et le tunnel devenait de plus en plus sombre.

Mais il était bien trop tard pour faire demi-tour.

CHAPITRE 18

Un coup de feu retentit bientôt derrière eux.

— On dirait que nous avons de la compagnie ! annonça Indy. Demi-Lune, prends ma place à l'avant. Mais ne freine que s'il le faut, c'est compris ? Moi, je vais régler leur compte à ces imbéciles.

— Encore des coups de feu ?! s'alarma Willie.

— Désolé ! Je n'ai pas trop le choix, s'excusa Indy.

Le wagonnet filait à toute allure, si vite qu'il manqua verser dans un virage.

— Attention quand même ! lança Indy à Demi-Lune.

— C'est d'accord, Dr Jones, j'écoute ce que vous dites.

Les balles fusaient de plus en plus nombreuses à leurs oreilles. Indy se mit à genoux et fouilla dans le wagonnet en quête d'une autre arme. Il finit par dénicher une grosse poutre qu'il souleva à grand-peine et réussit à faire basculer par-dessus bord.

Quelques secondes plus tard, le wagonnet de leurs poursuivants la heurta de plein fouet et explosa en mille morceaux.

Willie et Demi-Lune laissèrent éclater leur joie, mais elle fut de courte durée, car un autre wagonnet arrivait derrière eux, lui aussi rempli de *thugs* armés de fusils. Les balles recommencèrent à fuser au-dessus de la malheureuse Willie, recroquevillée contre une paroi.

Par chance, l'une d'entre elles vint heurter la commande d'un aiguillage juste après le passage du wagonnet où se trouvait le trio. Leurs poursuivants furent alors déviés dans un tunnel parallèle.

Mais les fugitifs n'allaient pas s'en tirer à si bon compte. En effet, dans cet autre tunnel, un immense réservoir reposait sur deux grosses poutres. En voyant que le trio leur avait échappé, les *thugs* conçurent rapidement un plan B. Ils décidèrent de faire basculer le réservoir afin d'inonder les tunnels en aval. Comme ces tunnels étaient en pente, les fugitifs seraient submergés !

Sans perdre de temps, les *thugs* donnèrent de grands coups de marteau sur les poutres. Des milliers et des milliers de litres d'eau allaient bientôt se déverser dans le tunnel…

Au même moment, Indy constata que les rails sur lesquels fonçait son wagonnet se terminaient

quelques dizaines de mètres devant lui par un mur. Il reprit sa place à l'avant et appuya de toutes ses forces sur le levier du frein. Comme cela ne suffisait pas, il sortit un pied et appuya directement sur la plaquette. La semelle de sa chaussure s'échauffa aussitôt et le caoutchouc se mit à fondre. Mais le wagonnet ralentit et, miracle, finit par s'immobiliser.

Les trois passagers sautèrent au-dehors, mais ce fut au son d'un effroyable vacarme : des litres d'eau se précipitaient vers eux ! Les *thugs* avaient réussi à faire verser le réservoir d'eau.

— Par ici ! cria Indy en pointant le doigt vers une issue dans le tunnel.

Tous trois s'engouffrèrent dans un étroit corridor où régnait la pénombre. Ils arrivèrent bientôt à un virage et découvrirent qu'au fond de ce boyau resplendissait la lumière du jour.

Willie fut la première à émerger à l'extrémité… et à découvrir qu'elle se trouvait au sommet d'une falaise à pic.

CHAPITRE 19

Indy, Willie et Demi-Lune se consultèrent du regard. Une étroite passerelle de corde reliait l'endroit où ils se trouvaient à l'autre côté de la gorge qui s'ouvrait, béante, sous leurs pieds. La perspective de la traverser n'avait rien de rassurant : les cordes et les lattes avec lesquelles elle avait été fabriquée étaient en lambeaux.

C'est Demi-Lune qui se dévoua pour tester la solidité de la passerelle. D'un pas leste, il sauta dessus, encore et encore. Puis il se tourna vers Indy et Willie avec un large sourire :

— Cette passerelle est solide. Écoutez-moi et vous vivrez plus longtemps ! Ha ! Ha !

Et d'entamer courageusement cette traversée de tous les dangers. Mais il n'avait pas fait trois pas lorsque les lattes de la passerelle cédèrent sous son poids. D'une main, il s'agrippa à une corde, mais ses jambes s'agitaient dans le vide. Dans les profondeurs de la gorge, des crocodiles affamés contemplaient ce spectacle de leurs gros yeux globuleux.

Willie se mit à genoux et progressa lentement jusqu'à Demi-Lune, le saisit par les épaules et le remonta.

— Ce n'était pas drôle du tout ! confessa le jeune garçon, tout tremblant.

— Nous n'avons pourtant pas d'autre choix que d'emprunter cette passerelle, constata Indy.

Manifestement, les diverses épreuves qu'elle avait subies au cours de cette expédition au palais de Pankot avaient endurci Willie. Loin de gémir et de pester contre Indy, elle s'engagea de nouveau sur la passerelle, suivie de Demi-Lune, qui n'en menait pas large mais ne voulait pas passer pour une poule mouillée aux yeux de son héros…

Leur progression n'était en rien facilitée par les oscillations perpétuelles de la fragile structure, qui se balançait de droite et de gauche à chacun de leurs pas.

Indy s'apprêtait à s'y engager à son tour lorsque deux *thugs* émergèrent du tunnel, juste derrière lui, exécutant des figures acrobatiques avec leurs sabres.

Indy dirigea la main vers l'étui de son revolver, mais l'arme ne se trouvait plus à l'intérieur. Il déroula alors son fouet et enroula la lanière

autour du poignet de l'un des deux gardes, qui lâcha aussitôt son sabre. Indy l'attrapa au vol.

Il s'apprêtait à recommencer la manœuvre pour s'emparer de l'autre sabre lorsque huit autres gardes jaillirent du tunnel.

Il ne restait plus qu'une option à Indy : battre en retraite, direction la passerelle ! Willie et Demi-Lune se trouvaient déjà à l'autre bout… mais Indy s'aperçut alors qu'un comité d'accueil les attendait : Mola Ram et une dizaine de ses sbires. L'instant d'après, les gardes s'emparèrent de Willie et de son jeune compagnon.

Le sang d'Indy ne fit qu'un tour. Il s'élança sur le pont au mépris du danger. Les lattes se

décrochaient les unes après les autres sur son passage, mais rien d'autre ne lui importait en cet instant que d'arracher Willie et Demi-Lune aux griffes de ce fou furieux de Mola Ram et de ses marionnettes emperruquées.

Soudain, il eut une idée. Presque arrivé à l'autre extrémité, il sortit le sac contenant les Pierres de Sankara de sa gibecière et l'agita au-dessus du vide.

— Si vous ne les libérez pas, lança-t-il au grand prêtre, je jette les pierres au fond de la gorge.

Déjà, des *thugs* arrivaient derrière lui.

— Jetez-les, Dr Jones ! répliqua Ram. Nous les retrouverons. Par contre, vous, pour vous retrouver, il faudra fouiller l'estomac des crocodiles… Ha ! Ha ! Ha !

Il donna alors l'ordre aux gardes qui se trouvaient à ses côtés de s'engager à leur tour sur la passerelle : Indy se retrouva pris entre deux feux.

« Aux grands maux les grands remèdes », songea-t-il sans se démonter. N'avait-il pas connu des situations encore plus périlleuses dans le passé ? Il leva le sabre, menaçant de trancher le garde-fou de la passerelle.

Le sourire de Mola Ram se figea. Indy lui fit

alors signe de laisser Willie et Demi-Lune s'engager sur la passerelle. Les gardes hésitèrent un instant : qu'avait-il donc en tête ?

Mais il suffit à Indy d'agiter le sac contenant les pierres pour que Mola Ram acquiesce.

— Allez-y ! ordonna-t-il à ses deux prisonniers. Et dépêchez-vous un peu !

Indy adressa alors quelques paroles en chinois à Demi-Lune, sur le visage duquel apparut une expression de terreur.

— Miss Scott, préparez-vous pour le grand saut ! glissa-t-il à Willie.

— Accrochez-vous ! hurla Indy.

L'instant d'après, en regardant Ram droit dans les yeux, il trancha les deux garde-fous. La passerelle fut coupée en deux et les gardes qui se trouvaient dessus furent précipités vers la rivière infestée de crocodiles. Aussitôt, Mola Ram donna aux gardes qui l'entouraient encore l'ordre de tirer des flèches en direction des fugitifs.

Willie et Demi-Lune, qui avaient enroulé de la corde autour de leurs poignets, restèrent solidement accrochés, tout comme Indy. Ils allèrent heurter la paroi de la falaise – Willie et Demi-Lune une dizaine de mètres plus bas, Indy à une vingtaine de mètres, car au moment où la passerelle s'était brisée, il se trouvait à une distance plus grande du bord de la falaise.

Il entendit des cris au-dessus de lui.

— Attention, miss Scott ! fit Demi-Lune.

— Ah non, bas les pattes, sale macaque ! pesta Willie cependant que Mola Ram essayait de la rattraper.

Elle se débattit tant et plus et le grand prêtre perdit l'équilibre et dégringola de plusieurs mètres jusqu'à la hauteur d'Indy, à la chemise duquel il se raccrocha.

— Les pierres m'appartiennent ! rugit-il.

— Non, vous avez trahi Shiva, objecta Indy, aux oreilles duquel venait de siffler une flèche.

Et de lui citer en sanskrit une mise en garde contre les pouvoirs des pierres. À mesure qu'il parlait, ces dernières se mirent à rougeoyer à l'intérieur du sac. Mola Ram tenta de s'en saisir mais la chaleur intense qui s'en dégageait lui brûla les mains.

Chose extraordinaire, elles se glissèrent alors hors du sac : Mola Ram tenta bien de les rattraper cependant qu'Indy continuait de réciter

les paroles sacrées en sanskrit, mais les pierres en feu calcinèrent la peau du grand prêtre, qui laissa échapper un cri de douleur… et aussi deux des pierres, qui furent précipitées vers le fond de la gorge. Il jongla un moment avec la troisième, déterminé à ne pas la perdre, mais la douleur était trop forte et il la lâcha aussi.

Seulement cette fois, la pierre ne tomba pas dans le précipice, car Indy l'attrapa au vol.

Déséquilibré, Mola Ram bascula vers l'arrière et tomba à la renverse en poussant un hurlement strident. Indy le regarda s'écraser dans l'eau. Les crocodiles ouvrirent aussitôt les mâchoires. C'était sûr, ils n'avaient pas connu un pareil festin depuis bien longtemps…

Indy entreprit alors de remonter vers le sommet de la falaise en esquivant les flèches que les gardes *thugs* continuaient de décocher. C'est alors qu'il vit apparaître le jeune maharadjah, entouré du capitaine Blumburtt et de ses soldats.

Zalim Singh pointa un doigt en direction de l'autre côté du gouffre, endroit depuis lequel les *thugs* tiraient leurs flèches. Les soldats britanniques armèrent leurs fusils et plusieurs coups retentirent. Privés de leur chef et pris de panique, les gardes battirent en retraite.

Willie et Demi-Lune regagnèrent les premiers la terre ferme, bientôt rejoints par Indy.

Il brandit alors victorieusement la pierre qu'il avait réussi à préserver. C'était celle qu'il rapporterait aux villageois de Mayapore.

CHAPITRE 20

Lorsqu'ils émergèrent de la jungle, Indy, Willie et Demi-Lune n'en crurent pas leurs yeux : aux alentours de Mayapore baigné de soleil, des arbres fruitiers étaient en fleurs, les forêts ployaient sous un feuillage abondant et les huttes misérables avaient cédé la place à de pimpants bungalows aux couleurs vives.

Le trio était suivi de la multitude d'enfants qu'il avait arrachés à l'enfer des mines. Indy avait hâte de découvrir l'expression des villageois lorsque leurs biens les plus précieux – à savoir leurs enfants – leur seraient rendus.

Le vieux chaman fut le premier à s'avancer vers lui, suivi par les anciens.

— Nous savions que vous arriviez, dit-il en ouvrant les bras au spectacle de la renaissance du village.

Indy sortit la pierre de sa gibecière et la lui tendit.

— Je comprends désormais la puissance qu'elle recèle.

Le chaman s'inclina devant les trois sauveurs de son village et saisit la pierre magique avec révérence. D'un pas majestueux, le petit groupe se dirigea vers la niche sacrée. Là, le chaman s'agenouilla et replaça la pierre.

— Vous auriez pu la garder, fit observer Willie,

admirative. Elle vous aurait assuré la fortune et la gloire.

— Oh, sûrement pas ! Pour qu'elle finisse dans un musée ? Et puis, les occasions de trouver la fortune et la gloire ne manquent pas ! Nous les trouverons même peut-être sur la route de Delhi.

Willie haussa les sourcils, abasourdie.

— Parce que vous vous imaginez que je vais aller à Delhi avec vous ?! Ah, non merci, Dr Jones. J'ai eu ma dose !

— Comment ? Qu'est-ce que j'entends ? protesta Indy en feignant de s'indigner.

— Je rentre chez moi, dans le Missouri, annonça Willie.

Et, pivotant sur ses talons, elle se dirigea vers un villageois pour lui demander :

— Excusez-moi ! J'ai besoin d'un guide pour m'emmener à Delhi.

Soudain, Indy prit conscience d'une évidence : il ne voulait pas qu'elle s'en aille. À dire vrai, elle exerçait sur lui une attirance irrésistible. Et il décida de le lui faire savoir sans détours.

Il sortit son fouet, en déroula la lanière et, d'un coup de poignet, fit en sorte qu'elle s'enroule autour de la taille de Willie. Puis il attira la jeune

femme à lui. Elle fit d'abord mine de protester, mais lorsqu'il l'embrassa, elle se sentit fondre entre ses bras. Elle sentit également une douche glacée s'abattre sur ses épaules : l'éléphanteau sur lequel était encore assis Demi-Lune venait lui aussi de célébrer joyeusement le retour de la pierre sacrée et le baiser d'Indy et de Willie.

— Très drôle, Dr Jones ! s'esclaffa le jeune garçon. Vraiment très drôle !

FIN

RETROUVE INDY EN BIBLIOTHÈQUE VERTE !

TABLE

« Pour l'éditeur, le principe est d'utiliser des papiers composés de fibres naturelles, renouvelables, recyclables et fabriquées à partir de bois issus de forêts qui adoptent un système d'aménagement durable. En outre, l'éditeur attend de ses fournisseurs de papier qu'ils s'inscrivent dans une démarche de certification environnementale reconnue. »

Imprimé en France par Jean-Lamour - Groupe Qualibris
Dépôt légal : juillet 2008
20.07.1649.1/01 – ISBN 978-2-01-201649-1
Loi n°49-956 du 16 juillet 1949
sur les publications destinées à la jeunesse